C. BOUGLÉ

L'Amour

2 francs

MICHALON, Éditeur,
Rue Monsieur-le-Prince, 26
PARIS

A LA MÊME LIBRAIRIE

POUR PARAITRE SOUS PEU

FATALES PASSIONS

(12e mille)

Ce livre, unique au monde pour la diversité des faits et la documentation, devrait être dans toutes les familles. En suivant les prescriptions claires et précises qu'il contient, toute femme maladive ou épuisée pourra éviter des conceptions dangereuses. Grâce à ce livre utile, il n'y a plus de *contagion* ni de déception à redouter.

C'est l'AMOUR sans regret et sans désespoir ; c'est l'AISANCE et la SÉCURITÉ absolue. Les utopies du sénateur Piot. La dépopulation et son véritable remède.

Prix : 3 fr. et 3 fr. 50 par la poste.

LA CRÉATION (d'après un témoin oculaire)

Ce livre humoristique et scientifique donne la clef de ce qu'on a voulu appeler *mystères*. On y verra *d'où nous venons, ce que nous sommes, et où nous allons*. Vies terrestre et sidérale ; matière ; forces psychiques. Preuves de l'immortalité.

Prix : 2 fr. et 2 fr. 25 par la poste ; chez tous les libraires et dans toutes les gares.

EN PRÉPARATION

SOUVIENS-TOI

Catéchisme des Libres-Penseurs

Indispensable à tout chrétien pour recouvrer le bon sens.

Prix 1 fr. et 1 fr. 20 par la poste.

IMP. A. CHIRON, NIORT

L'AMOUR

MIROIR DE L'HUMANITÉ

L'AMOUR

Miroir de l'Humanité

PAR C. BOUGLÉ

---

2 francs

PARIS
MICHALON, ÉDITEUR
26, Rue Monsieur-le-Prince, 26

1903

PROLOGUE

> L'amour naît d'un désir, vit de constance et meurt d'un parjure.

Amour ! Ce nom qui résonne comme un coup de clairon au plus fort de la bataille, qui éclaire comme un rayon de soleil, est celui du dieu tout puissant, gouverneur des mondes ; prodigue d'élans généreux il punit la lâcheté et la trahison en infligeant aux parjures conscients des tortures affreuses que nul remède, pas même le pardon, ne peut soulager, tant la conscience des coupables est troublée.

Tiens ! va-t-on me dire, le beau fait nouveau !

Parbleu ! appelez-moi rabâcheur de vieux mots et de vieilles choses, peu m'importe !

Et vous, qui croyez en savoir si long, connaissez-vous ce maître auquel obéissent, sans trop raisonner, sujets et rois ?

L'avez-vous étudié, compris et toujours servi fidèlement ? Si je dis non ! vous allez vous fâcher en prenant le ciel à témoin que je suis un sceptique dégénéré ! Si je dis oui ! vous me rirez au nez en me traitant de naïf et d'aveugle !

Alors, que dire ? La vérité ! Mais avant de traiter ce grave sujet, n'oublions pas que la femme la plus fière, la plus riche ou la plus arrogante abandonnerait de tout cœur la fortune et la gloire pour jouir un moment de l'amour vrai qu'elle cherche vainement dans l'opulence. N'a-t-on pas vu une princesse quitter furtivement sa cour et ses enfants pour se livrer librement à maître amour ; il est fâcheux que cette femme n'ait pas eu plus de réserve et n'ait pas réfléchi à quels douloureux mécomptes elle s'exposait en prenant pour amant un garçon beaucoup plus jeune qu'elle ; grave imprudence, car une femme, qu'elle soit reine ou servante, ne doit jamais être plus âgée que l'ami de son choix, pour s'éviter des ennuis que le rang ni le sacrifice ne peuvent empêcher ; il est d'autant bon d'y penser que l'existence est partout pleine de ruses, d'intrigues, de jalousie, de besoins, de passions et de haine. La vie est une succession d'épreuves douloureuses qui commencent à la naissance pour finir avec la mort et que l'amour seul est capable d'adoucir :

L'amitié, la vertu, des palais sont bannies
Quoique les unions du pape y soient bénies ;
Là, du maître, chacun satisfait le désir.
L'étiquette imposée n'est jamais un plaisir.
On subit dans les cours un infâme caprice
Qui contraint tous les cœurs à jouir d'un supplice ;
La discorde, brisant le lien conjugal,
Sème, autour des blasons, plus d'un regret fatal
Dont gémissent les rois. Roucouler en province,
Ce n'est plus, maintenant, que petit jeu de prince ;
L'un fuit sa compagne, ou l'autre salit l'époux
Pour jouer à l'amour sous un climat plus doux ;
Archiduchesses, ducs, brisent en réfractaires
La chaîne du Destin ; jaloux de prolétaires
Qui, las de l'esclavage, ont soif de liberté,
Ils veulent la servir en toute sûreté.
Où l'on sent du bonheur, on le goûte sans gêne ;
Un prince peut mener la vie la plus obscène.
Qu'une femme de cour quitte époux et enfants
Pour suivre un tourtereau plus jeune de dix ans,
Et vivre sans pudeur sous une république,
Son amour n'a qu'un nom : Lubricité publique !
Si tu hais ton mari, va, fuis-le pour toujours ;
Quand on a cinq enfants, plus de folles amours !
Si Hasard eût voulu, qu'au lieu d'une princesse
Promenant au grand jour sa honteuse grossesse,
Une fille étalât un beau ventre arrondi ;
Alors, tous les *cœurs purs* d'horreur auraient bondi,
Et, chassée des cantons, on l'eût encor maudite

Pour avoir un amant, sans être favorite. (1)
Ainsi juge le monde ; aimable courtisan
Il flatte le richard, il punit l'artisan.
Malgré ton sang royal, toi, que partout on prône,
Sur ton front, chacun lit : *Prostituée du trône !*

Madame de Gasparin, qui crut connaître le cœur humain, ses faiblesses et ses aspirations, en puisant dans la Bible l'inspiration que ce livre obscène ne peut donner qu'à une âme abusée de mysticisme, recommande d'obéir *à l'amour*, de devancer le désir raisonnable, de deviner la pensée sans jamais dire : assez, sauf s'il s'agit du salut de l'aimé.

Le poète grec Aristophane, dans une comédie qu'il fit jouer à Athènes, présenta une femme, Lysistrata qui, dans un élan d'amour fraternel, fit jurer aux femmes de la Grèce et de l'Attique de ne se donner à leurs maris qu'après la signature de la paix. Cette représentation, dont

(1) En Suisse, où l'on punit sévèrement l'abandon conjugal chez les prolétaires, on est très coulant pour la conduite immorale des riches, ce qui explique la faveur et l'adulation dont y jouirent la princesse de Saxe et son amant. On ose appeler cela *liberté, égalité !* Des tyrans et des crétins vont plus loin, ils appellent ces scandales : *d'admirables principes !*

le but était de mettre fin à une guerre homicide et ruineuse, montrait les belligérants réconciliés dans les bras de leurs courageuses épouses. Cette pièce fut couronnée de succès, malgré une licence que ne tolèrerait point la censure moderne ; elle renferme pourtant une leçon de morale dont la société actuelle devrait tirer profit en évitant la guerre, le plus grand fléau qui puisse la frapper.

La vraie femme craint moins la tyrannie de l'homme que son indifférence et sa froideur qui la découragent et la jettent souvent, inconsciente ou altérée d'amour, dans les plus graves excès, ou la dégoûtent de la vie. Pourquoi, se dit-elle, vivre sans amour, source de la vie qui, sans lui, serait sans charmes, sans bonheur et sans but ? L'amour est la communion des âmes, il n'épargne personne et tout le monde lui sacrifie, excepté les anormaux qui, inconscients ou impuissants, violent les droits les plus sacrés de la bonne et généreuse Nature.

La femme ne doit pas oublier qu'elle perd, en se mariant, sa liberté et qu'elle se doit tout entière à son époux et à sa famille pour lesquels elle doit exposer sa vie si c'est nécessaire. Quoiqu'une telle femme soit rare, on en trouve cependant, et c'est à cette heureuse particularité que je n'eus pas à craindre les prévenances insidieuses d'*amis,* ni les embûches d'ennemis ; c'est avec orgueil que je puis affirmer qu'il n'y aura jamais une femme plus aimante, plus fidèle ni plus dévouée que la compagne de ma vie et je souhaite que beaucoup de mortels puissent en dire autant.

Une femme qui néglige son mari pour un simple caprice ou qui est indifférente à le sentir près d'elle, est une mauvaise épouse ; le mari qui préfère les plaisirs, le café et les amis, qui le lâcheront au premier malheur, à la vie de famille plus douce et plus morale, est un mauvais époux et s'il est trahi par ceux qu'il aurait dû s'attacher, il n'est pas trop à plaindre, car il a bien voulu perdre l'amour qu'il pouvait conserver et qu'on n'aurait pas mieux demandé de lui garder. Quand on est dans la peine ou que l'on est frappé par la maladie pour avoir trop godailler, c'est à la famille, à l'épouse surtout que l'on impose la douloureuse mission de réparer des troubles dûs à l'intempérance et si le dévouement de la femme parvient à vaincre les désordres causés par de longues veilles et des libations trop fréquentes, elle n'aura pas toujours la consolation de voir le coupable s'amender, ce qui est une cause fréquente de découragement, de désespoir et de trahison. Aimer la vie à deux, sans autre séparation que celle nécessitée par les obligations de la vie, c'est s'assurer une existence de paix et de bonheur.

Les hommes qui se marient ne devraient pas avoir d'autre préoccupation que celle de savoir s'ils sont aimés, car beaucoup le croient mais bien peu le sont réellement.

Une femme qui aime celui à qui elle s'est donnée librement doit partager ses vues, elle doit aller au-devant de ses désirs et ne rien faire qui puisse le contrarier (1) ; elle doit surtout partager ses opinions religieuses, causes fréquentes de discordes ; car celui qu'elle invo-

(1) Cette conduite s'entend pour tout ce qui n'est pas déraisonnable.

que a dit : *Nul ne peut servir deux maîtres* ; or, n'est-il pas étrange de voir le président d'une République, des ministres, des sénateurs et des députés, fougueux défenseurs du socialisme et non moins ennemis du cléricalisme, indifférents à laisser leurs épouses et leurs enfants recevoir les instructions spirituelles du prêtre ? Les femmes qui se confient aux prêtres, qu'elles savent des ennemis de leurs maris, méritent tous les soupçons, ce sont de mauvaises et perfides épouses, car, au mépris de l'amour conjugal, elles préfèrent confier à l'oreille d'un étranger l'état de leur âme, ce qui est immoral.

*
* *

Les femmes qui ont soif d'amour ne doivent point s'unir à des gendarmes, à des magistrats ni à aucun soldat gradé, parce que ces gens ont généralement plus de brutalité que de sentiment ; elles devront éviter aussi les pasteurs qui entourent leurs devoirs conjugaux de préliminaires qui répugnent à l'amour ; enfin elles ne devront pas compter sur l'épanchement des savants dont l'amour est absorbé par des recherches qui les laissent indifférents ou froids sur le principal.

L'AMOUR (1)

MIROIR DE L'HUMANITÉ

dans lequel chacun verra des connaissances

> L'amour est la passion des grands cœurs.
>
> TOUSSENEL.

Au berceau du monde, sanctuaire du premier germe et de l'idée première, quel fut l'impression du premier couple raisonnable? Mystère! Nul être n'ayant pu saisir, interpréter ni transmettre le rôle primitif de la Nature, on peut présumer que la nécessité d'un développement prodigieux provoqua une activité d'autant plus grande que les germes étaient plus puissants. L'impulsion dominante de l'animalité primordiale fut, ce n'est pas douteux, un besoin irrésistible de propagation; alors,

(1) La couverture représente « La Jalousie et la Discorde », de Mignard, et la « Fontaine de Jouvence », d'après Ehrmann. On ne pouvait choisir pour ce livre des illustrations se rapportant mieux au sujet.

les premières familles à face humaine ne connurent ni les froids calculs, ni la gêne, ni la prudence, qui se sont alliés depuis longtemps pour la perte des races futures.

Les naissances succédaient aux naissances, les satisfactions et les faveurs les plus douces de la vie étaient aussi sans limites. La sève était si prolifique que les excès mêmes ne pouvaient l'épuiser et l'Innocence ferma longtemps les yeux aux témoins heureux d'épanchements qui ne devaient pas trop s'écarter des règles de la simplicité naturelle.

Qu'il dut être doux le premier rayon d'amour qui pénétra deux âmes naïves sorties de l'adolescence virginale ! Y penser c'est le deviner, le deviner, c'est le sentir, et il y a loin de ce tableau à celui de Sodome, Gomorrhe et autres lieux dont les habitudes dégradantes et funestes se sont perpétuées jusqu'à nous, montrant tout ce que le cœur humain bestialisé recèle de turpitudes et de dangers redoutables, ou encore au tableau du culte de Siva, dans les temples de l'Inde où les sexes confondus éclipsent le symbolisme de l'amour dans une orgie sanglante provoquée par des excitants et dont le dégoût et l'horreur ne peuvent être exprimés.

*
* *

Et quoi ! me direz-vous, l'amour serait la trahison du principe de la divine inspiration et ferait choix de moyens réprouvés, criminels ? Le croire serait un viol moral, car Amour est symbole de vie, de force, de plaisir et de bonheur ; son champ est vaste comme l'immensité, mais il ne faut pas confondre les bienfaits de son tout avec les caprices de l'un de ses coexistants ; ce dieu, formateur des mondes, est aussi lui en trois personnes distinctes, absolument comme dans tous les cultes attribués au révélantisme, se présentant sous trois figures antagonistes :

Venus Anaphrodite, tentatrice indifférente et froide, fait naître de mortels désirs qui se consument comme un charbon recouvert de cendres ; Vénus Nymphomane, dont la volupté se manifeste dans une lascivité frénétique ; Eros, tyran aveugle, espiègle entreprenant ou chasseur patient, attend, armé de flèches aiguës, la biche sans défiance qu'il blessera peut-être à mort ou dont il fera son esclave, sachant qu'elle portera toujours l'empreinte de sa première blessure. Appelé encore Cupidon, Eros est parfois un dieu brutal, aux violences incalculables, pour qui la Nature n'a aucune loi ; il pratique l'enlèvement sans principe et sans scrupule ; il veut posséder contre le droit et la volonté ; il assouvit furieusement son infâme intempérance sans respecter aucun âge ; abominable trompeur il flatte hypocritement pour se saisir des plus faibles ; il tue sans remords ; il secoue avec la même violence l'arbre dont les fruits sont encore verts ou complètement flétris ; la putréfaction ne l'incommode pas ; la souillure est pour lui un culte ; c'est un remueur d'excréments.

Eros est l'amant de la corruption, ses éléments ne sont composés que d'ordures sociales, il se vautre dans l'infect ; il ne voit de beau que le laid, l'incomplet ou l'atrophié ; il souille l'enfance, sacrée pour tous, ou la vieillesse entourée d'estime respectueuse et le cadavre qui empeste l'air l'embaume encore. Tant de dégradations, qui semblent ne pouvoir être réunies dans le même individu, sont cultivées avec art par Eros qui, pour donner le change à ses goûts impurs, se montre plein de ruses pour éviter les pièges les mieux combinés ; si la lumière le gêne, il plonge dans les ténèbres afin d'y accomplir librement tous les forfaits ; aucune difficulté ne l'épouvante, aucun obstacle ne l'arrête et ses ténébreuses machinations satisfaites il ne se lasse pas, il en recherche de nouvelles ; on le voit, lâche vampire, violer des sépultures pour assouvir la plus révoltante lubricité ; la variété de ses exploits est incalculable et il semble revivre des excès qui tueraient un monde. La raison ne pouvant toucher son âme dégradée, il tombe d'abus en abus, de bestialité en bestialité jusqu'à perdre tout caractère nomable et c'est là un dieu, le dieu de l'impudicité qu'adorent partout les dépravés et les dégradés de l'espèce humaine.

Eros trouve de vils serviteurs dans toutes les classes, depuis la jeune fille et le garçon impubères, ignorants qu'une curiosité pousse à découvrir des connaissances malsaines ou à tenter de satisfaire des goûts lubriques réprouvés des lois. L'ignorance que l'on pervertit, la dépravation que l'on cultive avec méthode sont communs dans tous les milieux sociaux ; mais il y a des écarts que l'on ne peut comprendre chez un être qui a un cerveau pour penser, pour peser et pour réfléchir ; la passion qui souffle en tempête, brisant tout sur son passage comme un ouragan, se passe de raisonnement et l'on a beau frémir sur les débordements de la volupté en fureur et la frapper avec rigueur, partout où on la découvre souillant des victimes inconscientes ou complices, on n'en retarde pas le développement, mais on l'oblige à employer des ruses ingénieuses pour se soustraire à l'action de toute justice, ce qui est désespérant. Un sergent Bertrand, un Vacher, un Vidal, un Leclerc sont loin d'être rares ; mais leur violence, n'allant pas jusqu'à tuer, ils se contentent de violer tous les principes de la morale. Combien de médecins, de précepteurs, de prêtres et de magistrats, austères défenseurs de la décence sont tombés dans les pièges de la fornification ? Ce juge d'instruction ou autre, célibataire ou marié, qui attire des garçons ou des filles, libres ou prévenues pour *les honorer* de ses souillures bestiales, est un type assez commun (1). Ces officiers qui naviguent entre les eaux bourbeuses du fleuve Tendre, transportant jusqu'aux colonies leurs instincts dépravés, sont légions et cet érotisme, presque excusable chez l'homme qui reçut moins de soins que la brute, ne l'est plus chez ceux qui reçurent une instruction et une éducation soignées ; cependant, constatation déplorablement curieuse, c'est dans les classes les mieux élevées en apparence qu'éclosent les passions les plus abjectes et si les types les plus grossiers de l'humanité sont des obsédés grâce à un défaut de surveillance, d'instruction, d'exemples moraux, cette obsession n'est plus admissible chez des sujets que leur culture in-

(1). Lire *Fatales Passions* « ou les vices du Peuple » Beau volume, 12e mille 3 frs, Michalon, éditeur, 26, Rue Monsieur le-Prince, à Paris.

tellectuelle devait préserver d'actes défendus, parfaitement réfléchis. L'instruction n'est donc pas suffisante à ces malheureux qui abusent de leur autorité pour assouvir des passions écœurantes.

Quand on sait que l'antiquité a fourni, parmi ses hommes réputés les plus sages, les plus grands debauchés, il faut être à demi surpris de voir l'obscénité être l'autel où sacrifient des prélats, des juges, des papes même ; l'existence d'un marquis de Sade, d'un comte de G... ; d'un baron d'A... ; d'un marquis de W... et autres érotomanes ne doivent plus étonner.

*
* *

Chaque unité de ce tout parfait, AMOUR, trahirait les deux autres avec une fréquence désespérante, si le ciel, que Nature fit, ne les eût enchaînées en donnant à l'une la responsabilité, aux autres la prudence et la modération ; car chaque unité prise isolément est une abomination ou plutôt une anomalie, ce qui est plus grave, la première pouvant être corrigée, tandis que la seconde est une monstruosité irrémédiable. Chaque déité tombe, sans discernement, dans toutes les erreurs, mais leur union subit les lois de l'harmonie qui veulent le libre abandon sans intérêt et le plaisir mutuellement partagé, admirant la Force qui s'exerce sans violence. L'amour ainsi harmonisé, on peut comprendre son influence heureuse sur l'animalité se mouvant libre et compatissante dans le cercle de l'activité cérébrale agissant par des déductions sagement raisonnées.

*
* *

Qui peut se dire affranchi de ce dieu au despotisme étrange ? Est-ce l'enfant, l'homme, un moine, une nonne, un prélat, un roi ? Personne ! Il soumet tous les êtres à son code, nul n'est soustrait à ses lois et si l'on constate des exceptions, elles ne sont qu'apparentes ; ceux qui croient tromper Amour ne font que mentir à tout le monde et à eux-mêmes.

L'Amour est puissant, il est universel et rien ne peut le contraindre.

— Et l'amour de l'art ?

— L'amour de l'art, voilà précisément le paradis des voleurs, demandez plutôt aux musées, ils doivent en savoir quelque chose ! Oubliez-vous les habiles truquages ?

L'amour va même plus loin ; par des prévenances exquises il a le soin de faire venir l'eau à la bouche de ceux qui ont soif, car on voit les démophages publier dans leurs journaux des menus raffinés, comme pour dire aux malheureux qui crèvent de faim : voyez comme nous savons bien nous soigner. Cet amour du ventre n'est pas moral.

— Vous ne voyez donc pas, me dira-t-on, ces saints anachorètes, ces saintes filles qui se mortifient dans les cloîtres... ?

— Je vois certainement ceci et cela qui me démontrent précisément que vous êtes dans une sainte erreur, sans paralogisme. Sachez que du berceau à la tombe, le Maître des mondes reçoit son tribut et voyez quelle ironie : c'est l'ignorance qui prend l'aveugle soin d'ouvrir aux sens la porte au toucher indiscret qui traîne ensuite ses victimes sur la pente fatale ;

on appelle ça l'instinct, comme si le penchant à la perversion n'était qu'une *qualité inhérente* à la nature animale ! Par le fait cela y ressemble tellement qu'il est difficile de ne pas l'admettre.

Surveillez un enfant, c'est le défaut de surveillance qui cause toujours sa perte, et vous remarquerez dès le berceau, alors que l'instinct est réduit aux seuls cris de la douleur et de la conservation, puisqu'il ne peut se déplacer ni manifester sa volonté, que ses mains, aussitôt libres et aptes aux mouvements, se portent au siège où l'excitation fait naître la troublante volupté. A l'âge le plus tendre, la sensibilité est presque nulle; l'organisme, n'étant pas encore préparé pour éprouver des spasmes agréables, ressent un léger chatouillement cause de troubles qui seront provoqués plus tard, sans forme d'habitude, sans réserve, jetant le corps et l'âme dans cet état d'énervement qui conduit une foule de victimes de la neurasthénie génitale, au marasme précurseur de tant de morts précoces. Si l'enfant n'est pas exposé à un danger immédiat, il l'est à un épuisement lent qui assurera d'autant mieux sa perte qu'il persévèrera dans sa manie ignorante.

Que de parents sont coupables par négligence ou par l'oubli des mêmes erreurs ; s'il fallait compter tous ceux à qui cette négligence causa une fin prématurée et qu'une sage leçon, un moyen préventif eussent prévenue, on trouverait un chiffre épouvantable. Au lieu de corriger des vices naissants, on les enracine en les provoquant même ; combien de mères pour apaiser les cris énervants de l'enfant lui mettent une main d'où la prudence devrait l'éloigner, ou ne font rien pour détruire une habitude vicieuse ? Et si vous en faites remarquer le danger, on vous regardera avec étonnement, sinon avec méfiance.

Troublée sous le coup d'une révélation insoupçonnée, la mère avertie craint maintenant pour la santé du chérubin qu'une main perfide pollue ; elle voudrait enrayer le mal, mais la peur de l'instruire la rend perplexe. Si, en voulant le détourner de la fausse route où il perd la force et l'énergie qui doivent accompagner l'adolescent dans le vestibule de la vie, elle allait se tromper !

— Jamais je n'oserai lui expliquer cela ; si en croyant lui ouvrir les yeux, j'allais lui creuser un abîme ? Avec l'âge et la raison le cher enfant comprendra mieux, il devinera qu'il se fait mal, alors la mauvaise habitude passera.

— Non, madame, la mauvaise habitude ne passera pas ; elle s'enracinera au contraire à tel point que la mort seule l'en guérira.

— Alors ?

— Ecoutez-moi ! L'enfant est toujours sensible aux leçons affectueuses d'une mère dont il a surpris et compris le premier sourire ; (1) sa joie et sa douleur l'ont impressionné avant même qu'il ne vit le jour, il est donc facile de mouler cette âme naissante sur le modèle que l'on se propose de lui donner ; pour cela il suffit d'y graver une image d'autant plus durable qu'elle sera plus impressionnante ; or,

(1) Les enfants qui, malgré la meilleure éducation et les plus beaux exemples, tournent mal, sont des exceptions et dans ces cas des causes nocives ont dû échapper aux éducateurs.

l'âme de l'enfant se façonne aussi facilement qu'une boule de cire, l'important est de ne jamais perdre de vue ses dispositions instinctives pour les corriger chaque fois qu'elles se manifestent nuisibles pour son caractère ou sa santé. Si l'on mettait constamment sous les yeux de l'enfant les exemples qu'il doit suivre, ce qu'il doit faire ou éviter, on arriverait à ce résultat, tant désirable, de le voir grandir viril, attentif à pratiquer la pure morale dans les dispositions de ce rêve irréalisé, l'amour fraternel, généreux, sans vanité.

N'employez jamais la violence pour remettre un enfant dans le droit chemin ; c'est un correctif qui rend les natures prédisposées aux mauvais penchants, dissimulées et sournoises, comme on peut le remarquer chez les peuples où la schlague, le coup de poing et la privation de manger sont les arguments barbares. Il faut corriger sévèrement l'enfant qui a raisonné sa faute, mais il faut le faire sans provoquer chez lui la combinaison d'un mal plus grand ; la correction la plus profitable est celle qui le prive d'un plaisir ou d'un peu de liberté et en l'appliquant sans faiblesse, chaque fois qu'une faute le mérite, on peut en espérer d'heureux résultats ; la crainte d'une répression brutale engendre des ressentiments qui se développent, avec l'âge, jusqu'au seuil du tombeau. La brutalité inspire bien plus la haine que la soumission respectueuse.

Lorsqu'un enfant aura contracté de fatales habitudes, en supprimer les causes tant que son intelligence sera fermée aux leçons de la sagesse ; dès que cette intelligence sera assez ouverte pour comprendre ces leçons, vous lui direz : — Enfant, tu es comme une fleur non épanouie qui n'a point ou peu de parfum et ne doit pas être cueillie ; tu dois laisser tes sens imparfaits au repos afin d'atteindre le plus haut degré de vigueur ; tu éviteras donc les causes d'épuisement et d'impuissance précoces qui font si souvent la désespérance d'hommes à l'aspect robuste. Que ton pied ne s'arrête point dans les lieux solitaires, car la solitude, conseillère du mal, est le sentier de l'erreur et de la perdition ; ferme l'oreille aux conseils qui, sous l'apparence de fausses satisfactions, te feraient acteur d'une complaisance infâme.

Que ta main s'éloigne de l'autel où l'impureté sacrifie et tu vivras heureux; la faiblesse, le découragement ou les infirmités qui font de jeunes hommes des vieillards, te seront inconnus; ton sang sera une source vive d'où jaillira l'intelligence, la force et la vie; si, par défaillance, tu oubliais ces préceptes dictés par l'amour d'une mère instruite du malheur d'êtres ignorants, morts jeunes, victimes d'abus solitaires, tu serais, comme eux, torturé par le remords de ne pas m'avoir écoutée, et lorsque tu croirais pouvoir prendre une résolution, il serait trop tard, la mort impardondonnable te tiendrait déjà couché sous sa faux et aucune puissance ne pourrait plus te sauver.

A l'écoute d'une pareille morale, l'enfant fuirait les occasions capables de le perdre et il empêcherait ses amis de se tuer ; sa main s'éloignerait des sens que l'envie pousse à profaner, autant pour la morale qui impressionna sa jeune âme que par la crainte d'en mourir.

Ce n'est pas tout. Malgré la meilleure morale, une surveillance de tous les instants est indispensable durant le premier âge. Eviter de donner aux enfants, surtout nerveux, une nourriture et des boissons excitantes si funestes à leur santé. Ne pas éveiller leur curiosité par des conversations trop libres. Ne rien dire devant eux qu'ils ne puissent entendre, à moins d'employer des expressions qu'ils ne puissent comprendre ni dénaturer.

La curiosité et l'imagination malignes des enfants sont si grandes, qu'il est préférable de ne rien dire plutôt que de les forcer à s'éloigner pour ne pas écouter une conversation commencée; car, prompts à saisir un mot imprudent ou équivoque, ils ne manqueront pas, vu le soin remarqué de le leur cacher, d'en demander l'explication à quelque malheureux plus vicieux, instruits à l'école de l'insouciance qui ouvre la porte aux abus dont la jeunesse est si souvent victime.

Il faut bien se garder de laisser coucher, dans la chambre des parents, des enfants dont la raison est assez développée pour entendre, voir, comprendre ce qu'ils ne doivent entendre, voir ni deviner, un mot, un geste, une pose imprudents pouvant jeter dans leur âme ouverte à l'observation naissante, des germes d'autant plus funestes que les sujets seront plus sensibles et plus nerveux.

J'en cite un exemple typique : Un jour, à table, chez une famille où il y avait des jeunes filles, une invitée et son mari étaient accompagnés de deux garçons dont le plus jeune avait quatre ans ; celui-ci, en mangeant de la crême, se mit à faire de gros soupirs bien qu'aucun motif ne les ait provoqués. Ses parents lui ayant demandé ce qu'il avait ? Il fit cette réponse stupéfiante : « Je fais comme papa quand il joue à la bataille ! »

Ne pas coucher ensemble deux enfants, surtout de sexe différent, car c'est une cause de perdition plus commune qu'on ne le suppose ; les parents qui ne voient aucun mal à cette promiscuité engagent terriblement leur responsabilité ; les enfants qui remarquent entre eux une conformation différente s'en demandent la raison et font des réflexions qui les poussent à des attouchements et à des tentatives ruineuses. Il est vrai que pour soustraire l'enfant aux influences extérieures, il faudrait l'élever, ce qui serait difficile, dans l'isolement, loin des êtres qui, par leurs ébats, pourraient lui faire constater un acte naturel qui constituerait un fait nouveau ; mis en éveil par tout ce qui l'impressionne, il en recherchera naturellement la cause et ne tardera pas de deviner et d'apprendre ce qu'il aurait dû ignorer longtemps encore. Cette soustraction aux influences naturelles est d'autant plus difficile que des personnes réfléchies ont rarement l'idée que ces influences peuvent avoir des résultats déplorables. En comparant l'enfant des campagnes à celui des villes, on remarque la précocité du vice plus commune chez le premier que chez le second, ce qui tient, pour celui-là, à la vue fréquente de l'accouplement des animaux, ce que celui-ci ignore généralement.

Dans les campagnes la liberté laissée aux enfants soustraits à toute surveillance et la facilité pour eux de se cacher en quelque lieu abrité ou solitaire, les excitent à faire des tentatives qui produiraient des effets scandaleux si un développement incomplet n'était la cause impuissante de sacrificateurs trop jeunes; ces essais, d'autant plus nuisibles qu'ils sont plus fréquents, affaiblissent les sujets délicats et beaucoup se préparent des tourments qui les rendront malheureux quand les germes d'une maladie impitoyable, trouvant un milieu convenable à leur éclosion, n'avanceront pas l'heure finale de ces pauvres ignorants qu'une attention vigilante eût arrachés à une fin prématurée.

Il résulte enfin de ces tentatives que beaucoup d'enfants n'ont plus rien à apprendre dès l'âge de dix à douze ans, ce qui est déplorable.

L'enfant a cette funeste disposition de suivre la voie du mal plutôt que celle du bien, et si l'éducation ne corrigeait ses mauvais instints il se développerait généralement avec des goûts qui ne seraient peut être pas en contradiction avec les lois de la nature animale, mais seraient plus violents, à coup sûr, que ceux de la brute dont les besoins impulsifs ne nécessitent pas, comme chez l'homme, de longues préméditations accumulant, avec des dangers sans nombre, les chances ténébreuses qu'escompte son espoir de réussir.

L'enfant naît avec la fâcheuse manie d'imiter ce qu'il voit faire et de s'emparer, sans réflexion, de tout ce qui excite sa convoitise. On peut dire que ce touche-à-tout vient au monde avec l'irrésistible besoin de voler, de sorte que si on ne le surveille pas, il s'appropriera d'autant plus prestement ce qu'il trouvera, qu'il se développera en acquérant la connaissance du mal qu'il fait, ce qui l'obligera à se dissimuler, non pour le tort qu'il cause, mais par crainte d'une répression. Lorsque l'enfant en est arrivé là, il est perdu, appelé qu'il est à devenir un agent de la criminalité et le mal est à peu près irréparable, puisque quand on espère corriger le vice déjà trop enraciné, on s'aperçoit généralement qu'il est trop tard et quant aux moyens correctifs que l'on songe à employer, ils sont pires que le mal ; le malheureux, coupable de n'avoir pas eu de sages conseils, ou de dignes tuteurs, tombera de honte en honte jusqu'à porter peut-être sa tête sur l'échafaud ; la société satisfaite du règlement d'un crime social qu'elle n'a su éviter et dont elle est moralement responsable, n'aura reçu qu'une éclaboussure nouvelle de son propre sang, ce qui donne bien le degré ultime de sa démoralisante activité ; car le crime de l'homme est considérablement atténué par la fausse éducation de l'enfant. La peine de mort devrait être abolie ; le crime ne se lave point par un nouveau crime, fut-il sanctionné par une loi remarquable seulement par son inhumanité. Si de l'effet on va à la cause, on arrive à cette conclusion : que tout malfaiteur est un perverti ; or, celui qui a eu le malheur de naître et de vivre sous les yeux de l'indifférence ou de l'immoralité devient l'enfant naturel du crime à l'accomplissement duquel il fut une victime préparée ; c'est un irresponsable, moralement parlant ; aucune leçon philosophique ne pourrait démontrer le contraire. Au lieu d'enseigner à l'enfant ce qu'il doit faire et ce qu'il doit éviter, on l'abandonne à la culture de ses plus mauvais penchants ; s'il trouve un objet de quelque valeur, on ne songera pas à lui dire : *qu'il ne lui appartient pas*, qu'il faut le rendre à son propriétaire ; *ce que l'on trouve*, dit-on, *n'est pas volé, ça n'appartient à personne ;* si l'enfant achète quelque chose chez un fournisseur qui lui rende sur une pièce plus qu'il ne doit, on dira : *il ne faut pas le lui dire, il vole assez !* ce qui est peut-être vrai, sans être stipulé dans les conventions d'échanges commerciaux ; on va jusqu'à inciter l'enfant à prendre ce qu'il pourra trouver d'utile à la famille, de là à faire toute chose défendue, il n'y a qu'un pas. A voir dans les campagnes et les villes où il y a de grandes industries et où les travailleurs sont trop peu rétribués, à voir, dis-je, les nombreux enfants abandonnés aux instincts de la perversité, il y a lieu d'être surpris de ne pas rencontrer, sur la grande route où se complète la perpétration des crimes, plus de malfaiteurs irresponsables par le fait qu'il faudrait modifier le sens moral de nombreux directeurs familiaux indignes se préoccupant d'un bien-être passager, sans souci des moyens qui le leur procurent, développant leurs procréés sans principe civique, sacrifiant l'honneur, la liberté et la vie de ceux qui, plus heureux s'ils n'étaient point sortis du néant, n'ont reçu l'existence que pour en maudire leurs auteurs et nuire à l'unité sociale en jettant des lueurs sinistres qui se reflètent sur toute l'humanité. La société détruisant de ses membres tombés dans un bourbier par son imprévoyance, est, avouons-le, une étrange anomalie.

Sur cette grave question les écoles philosophiques se sont divisées ; l'une, réprouvant les rigueurs d'une odieuse politique, dit de ceux que l'on veut éloigner du pouvoir et du peuple, par crainte de les voir former des partis trop radicaux ; *Tuez les, mais ne les exilez pas !* Elle préfère l'homme privé de l'existence plutôt que de le voir vivre privé de sa liberté ; mais qui donc a le droit d'enlever à un sujet ce que la Nature lui a libéralement donné ? La *loi*, direz-vous, la *loi* protectrice de l'homme exposé aux dangers des abus et des violences qui n'ont aucune excuse, les différends pouvant être réglés par un arbitrage dont la *justice* s'est fait une spécialité. La *loi* n'étant qu'une convention, la meilleure peut plaire aux uns et déplaire aux autres ; car il suffit qu'elle recueille une très faible majorité pour n'être que la violation d'un principe. Une loi qui veut prévenir le crime et le punir, ne peut elle-même le perpétrer ; son pouvoir coercitif ne peut aller jusqu'à la sanction d'un assassinat officiel.

Une autre école philosophique, plus humaine, dit : *Exilez les malfaiteurs, mais ne les tuez pas !* Elle a raison, un crime ne s'éponge pas avec un crime et le talion ne peut être appliqué que par des barbares.

Un attentat que rien ne pouvait excuser fit dire au Président des Etats-Unis, qui l'essuya : « Qu'on mette dans une île tous ceux qui sont ennemis de l'ordre public et qui en veulent à la vie des chefs d'états. » Cette idée qui a germé, il y a longtemps déjà, est de la pure philosophie, en faisant ressortir que tuer le défenseur d'une théorie subversive, c'est lui créer de nouveaux disciples, d'autant plus ardents qu'ils seront stimulés par les leçons violente du passé. Ce serait peu banal, par exemple, de voir se former une *République de malfaiteurs* abandonnée aux instincts de ses membres ; voir voleurs, passionnels au goût bestial, faux monnayeurs, filous, abuseurs de l'innocence, assassins, réunis sur le même coin de la terre pour s'entendre, se gouverner à leur guise. Ce tableau de toutes les horreurs se donnant la main, sans pouvoir contaminer la société, serait peut-être instructif. Le mal, lassé d'une activité qui ne trouverait plus un milieu propre à son évolution, se modifierait peut-être assez pour servir de modèle à ceux qui en avait chassé les auteurs. Voit-on aller chercher des modèles de vertu et de sagesse chez ceux qui les avaient violées avec la dernière impudence ! Ce ne serait pourtant pas impossible, la loi des contrastes s'imposant à ceux qui veulent trop d'uniformité ; cette loi est naturelle puisque nous ne pouvons la violer tout-à-fait ; ne contrôlons-nous pas la fragilité de nos institutions que nous croyons élevées sur des bases assez solides, pour les supposer inébranlables !

Que de surprises l'intempérance n'a-t-elle pas causées ? Combien d'hommes l'on a cru vertueux et incapables d'un acte répressif, jusqu'au jour où ne pouvant plus dissimuler le véritable état de leur âme, se revélèrent, au monde étonné, tels qu'ils n'avaient cessé d'être, profitant d'une admirable dissimulation pour jeter sur tous les yeux un voile d'autant plus aveuglant qu'on était loin de leur soupçonner une ombre de dégradation ! Si l'on pouvait mettre à nu toutes les consciences qui jouissent d'une réputation imméritée, à combien pourrait-on en estimer le nombre ??! La vie n'est donc qu'une comédie du commencement à la fin. Si l'erreur, la fourberie, le mensonge et le crime peuvent sortir inaperçus des mains du vice paré du manteau de la vertu, ce que le fabuliste a justement représenté sous la figure du *Loup devenu berger* :

Il aurait volontiers écrit sur son chapeau :
C'est moi qui suit Guillot, berger de ce troupeau.

Il ne faut pas trop s'étonner des déceptions dont la vie humaine est toute remplie.

Parmi les hommes que l'on choisit pour conseillers, pour éducateurs, pour commander, dominer, gouverner et juger, combien y en a-t-il qui ne valent pas la corde pour les pendre ?!! Et ce sont les plus implacables.

On a vu tomber dans une tentation impérieuse des malheureux qui voulurent se relever sans qu'on le leur permît.

Victor-Hugo, dans ses « MISÉRABLES » en a tracé cette figure saisissante de Jean Valjean, poussé à voler un pain pour apaiser la faim torturante des enfants de sa sœur ; ce délit pardonnable, provoqué par un besoin incontesté que la société devrait prévenir, conduisit son auteur au bagne ; après de nombreuses péripéties il fait un retour sur lui-même, il a honte d'un passé qu'un charitable élan a puni en le mettant au ban social ; il veut se ressaisir, mais il est marqué du sceau de l'infamie pour avoir osé racheter la vie de petits êtres ayant à peine la force de crier : Du pain ! Nous avons faim !

Ces cris, de profonde misère, lui rappellent que dans les veines de ces enfants et dans les siennes coule le même sang ; alors, plus de réflexion ; à tout prix il faut ranimer ces petits flambeaux humains qui ne demandent qu'à vivre et son dévoûment sera l'origine de ses iniquités. On a pitié d'un oiseau, d'un chien et l'on abandonnerait des êtres aussi chers, ah ! malheur ! La société ne tient aucun compte du dévoûment puisé dans des moyens qu'elle réprouve et la dégradation qu'elle imprime au coupable, le suivra au delà du tombeau, car, s'il veut se réhabiliter, la loi le lui défendra en lui rappelant, dans toutes les circonstances de sa vie, un acte qui devrait l'élever dans l'estime de ses concitoyens, de sorte qu'il tente de se relever pour retomber plus honteusement. Au lieu de satisfaire convenablement chaque individualité jetée sur le chemin épineux des nécessités et d'enrayer le développement des passions naissantes, on fait dévier l'évolution morale de l'homme que l'on jette hors de l'orbite où doit rayonner tout ce qui constitue les lois de l'humanité, lois immuables qui ne peuvent être violées sans briser quelques-uns des chaînons qui lient ses membres dans un sentiment d'amour solidaire, sentiment qui serait resté le dominateur universel si des hommes égarés par l'orgueil, l'envie, l'avarice, la vanité et l'égoïsme ne s'étaient aveuglés au mirage des grandeurs éphémères ; enivrés de vaine gloire et de dignités aussi fragiles que fausses, ils ont bu à la coupe de la domination arbitraire, sans plus se soucier de leurs frères malheureux que s'ils ne pouvaient exister ; imposant leur pouvoir, ces hommes, incapables de concevoir un plan d'harmonie, n'ont pensé qu'à faire sentir leur écrasante domination par des subterfuges que réprouvent la morale et la nature ; ils n'ont pas compris, ces dominateurs méprisants, qu'en voulant abaisser les autres au nom de droits imaginaires visant la suppression de la liberté, ils s'abaissaient eux-mêmes au-dessous de l'imaginable. Les deux leviers utilisés pour dégrader l'humanité furent le trône et l'autel, on ne devrait jamais l'oublier ; une fois armés du sceptre de la puissance et du fanatisme, l'erreur et l'abus sont accourus au service de ces hommes qui ont poussé l'immorale insouciance à ne tenir aucun compte des nécessités autour desquelles gravite la majorité des déshérités, à laquelle on prôna le mérite d'écouter et d'obéir sans plaintes, conditions serviles qui ne conviennent pas à la brute, mais que l'on a trouvé convenable d'imposer à l'homme.

Les masses ne purent être maintenues dans l'état d'infériorité que nous constatons que par la privation raisonnée de culture intellectuelle ; ce fut donc par la *crainte* et par *l'ignorance* que l'on plongea les peuples dans les ténèbres et dans le plus lâche esclavage ; les despotes, il est vrai, en ne tenant pas compte des besoins de leurs sujets, n'ont pas prévu qu'un jour, leurs propres abus serviraient de motifs à creuser leur tombeau et à ne se souvenir d'eux que pour les mépriser et les maudire. Autour des tyrans qui ont ensanglanté le monde pour l'amour d'un drapeau qui n'aurait dû flotter qu'au-dessus des flammes, se sont pressés des courtisans, reflets atténués d'une sinistre engeance dont le bonheur est de ne goûter que des jouissances grossières, exagérant la variété de superflus inutiles, faisant parade de cette enseigne visible partout et peinte de la main de l'égoïsme, avec cette maxime révoltante : *chacun pour soi !* qui laisse deviner l'estime trop exclusive du *moi*. Il est avéré que la domination a des tendances à prendre d'assaut le cœur humain ; car c'est à qui sera le supérieur de son semblable ; l'ambitieux veut, sans efforts, récolter à foison, et ce penchant à jouir sans mérite gagne toutes les classes dont le labeur pour quelques-unes est une condition que le progrès devrait supprimer, comme s'il pouvait arrêter le mouvement qui est de l'énergie dégagée sous toutes les formes. En revanche, beaucoup de travailleurs se plaignent d'être trop peu rétribués et d'avoir trop de peine à élever la famille, sans pouvoir réaliser quelques économies en prévisions de funestes évènements ; leur inquiétude, sur l'avenir couvert de nuages menaçants, est justifiée, car le chômage, les accidents, la maladie sont les tristes perspectives du besoin, de la misère, de la souffrance et ces ombres sinistres engendrent les drames de la désespérance humaine ce qui devrait faire réfléchir les dispensateurs de rétributions parcimonieuses et rendre prévoyants les salariés dont l'insouciance est si coupable ; mais les leçons quotidiennes ne servent point à ceux qui escomptent toujours un lendemain propice ; aussi la fièvre pernicieuse engendrée par la sotte manie d'imitation s'étend-elle comme une goutte de pétrole qui pénètre tout. Le snobisme dominant partout explique que tant de malheureux égarés, en voulant imiter la grenouille, ont une fin non moins malheureuse. S'il y a quelque part une réjouissance, un spectacle, on y remarque précisément ceux qui devraient s'en éloigner, car ils perdent le droit de se plaindre de leur misère qu'ils aggravent volontairement ; s'ils l'osaient, ils diraient comme les Romains décadents : *Du pain et des spectacles, c'est tout ce qu'il nous faut.*

L'ouvrière recherche trop les parures et tout ce qui fait de l'effet, sans réfléchir que cette affectation vaniteuse incite à rechercher les moyens de la satisfaire; au lieu de développer l'énergie du corps on le couvre de fausses parures et de clinquants qui font rire les connaisseurs. La rivalité en coquetterie a perdu tant de femmes et ruiné tant d'hommes que l'amour est un bon enfant à côté de cette perfide conseillère qui, pour la satisfaction personnelle, étale une surface dont l'objectif est de provoquer la jalousie de rivales moins riches ou moins adroites; c'est pour atteindre ce but diabolique que tant de misérables perdent tout respect et toute notion du devoir afin d'assouvir la passion ruineuse qui les expose à la critique, au ridicule et au déshonneur. Le besoin de plaire, en provoquant des désirs malsains et des satisfactions inavouables, est devenu le pivot des combinaisons mondaines, combinaisons malpropres qui servent d'exemples pervertissants aux enfants, fidèles imitateurs de tout ce qui ne devrait point se faire.

L'altruisme qui devrait guider l'humanité, devient, de jour en jour, une exception plus rare; il semble que l'utopie veuille prendre racine dans la vieille souche du socialisme, si riche en formules économiques et philosophiques qu'on les admire en les déclarant inapplicables; c'est ainsi que l'amour social défend *les droits de l'homme* en mettant sur son drapeau égalitaire cette formule sublime : *Chacun pour tous, tous pour un*; mais, tout en partant de ce principe louable et noble, il n'a pu faire la répartition équitable des places administratives; il n'a pu arracher de son trône l'infâme dispensatrice des inégalités favorisant les parvenus couverts par un protectionisme immérité; il n'a pu imposer une limite convenable à la fortune ni mettre un terme à la misère, et son impuissance provient de cette circonstance curieuse, inconcevable : que les droits assurés aux protecteurs ont soumis les faibles et les esclaves qui se sont donné des maîtres et des chaînes qu'ils n'ont plus eu la force ou le courage de briser. Ne comprenant, dès lors, ni les principes de la philosophie ni ceux de la liberté, l'*amour social* s'est contenté de moraliser les uns et de consoler les autres, sans atteindre de but enviable.

On entend dire souvent : que *l'égalité* n'est pas possible parce que les goûts, les vues, les idées, les croyances, les jugements étant aussi variables que les individus, il en résulte des sentiments si opposés qu'un règlement social est indispensable pour accommoder *grosso modo* les caractères et les mettre à l'unisson d'un *modus vivendi*, sous peine de provoquer des conflits meurtriers. Egalité, liberté, fraternité ne sont donc que des mots ronflants qui trompent les naïfs, amusent les sots et font rire les exploiteurs. Si les hommes n'avaient pas de maîtres, ils s'en forgeraient pour conserver l'habitude de prendre conseil, d'écouter et d'obéir. Ce jugement, basé sur l'état voulu de domination et d'obéissance et par conséquent sur la nécessité pour les uns de commander et pour les autres de subir le despotisme, est assez logique ; mais les philosophes, qui doutent du progrès constant de l'esprit humain, ne disent pas que cet état est dû à une fausse éducation qui interprète mal, depuis trop longtemps, l'influence de causes inexplicables.

Si l'ambition des uns et la lâcheté des autres n'avaient pas gouverné le monde depuis tant de siècles ; si l'ignorance n'avait pas tenu le gouvernail de l'erreur ; si l'homme n'eût pas été nourri de chimères et contraint à des pratiques humiliantes qui ont enrayé l'essor de son esprit ; si on lui eût laissé la complète liberté de son influence, on ne peut imaginer l'immense progrès qui se serait réalisé dans tous les domaines. La dissimulation aurait été éclipsée par la franchise, la crainte par le courage, l'erreur par la vérité, l'absurde par le sain raisonnement et le révélantisme par la pure morale. Si on eût imprégné la raison de sentiments fraternels et d'amour, sans s'occuper d'autre chose, en lui faisant sentir la félicité du devoir accompli comme un acte tout naturel, l'orgueil et l'envie, devenus de rares exceptions, auraient eu honte. de se montrer dans le champ de l'évolution sociale ; mais loin de développer les bonnes qualités de l'homme, on se contente d'en énumérer quelques-unes sans opposer une digue sérieuse à ses passions sources de l'intempérance et de la fureur.

Comment, dirons encore des philosophes rétrogrades, ferez-vous régner la *liberté* et surtout l'*égalité* ? Sur la *liberté* vos arguments paraissent plausibles, en admettant qu'une éducation plus philosophique et plus morale que religieuse fût capable de modifier les élans de l'âme au point de former une société idéale, sans haine et sans passions violentes, car vous n'avez pas la prétention d'imposer silence aux besoins dont l'excitation engendre les excès ; vous voulez, sans doute, les corriger par une méthode de raisonnement et, sur ce point, nous admettons qu'on aurait pu obtenir des résultats plus brillants que ceux acquis jusqu'à ce jour ; mais comment accorderez-vous l'*égalité* à tous les citoyens, sachant que chacun voudrait récolter sans semer, posséder sans produire ? Comment confectionnerez-vous une société où il n'y aurait que des heureux, sachant encore que la fortune capricieuse a des favoris et que parmi ceux qui pourraient la posséder il y en a qui font tout pour la manquer ou la compromettre ? Donnerez-vous l'aisance au paresseux qui ne fait rien pour la posséder ou dépouillerez-vous le riche pour enrichir le malheureux dont le sort est lié à l'incapacité ou à l'inconduite ? Enfin ne vous sera-t-il pas difficile de donner la liberté aux uns sans l'enlever aux autres ?

La solution des grands problèmes sociaux serait obtenue depuis longtemps déjà sans l'opiniâtreté des dupeurs qui sont les plus mauvais génies de l'humanité, que l'on rencontre parmi les jésuites noirs et rouges, généreux de formules démocratiques qu'ils n'ont jamais eu l'intention de laisser appliquer.

Le problème de *l'égalité* qui semble inapplicable à première vue, par tout esprit superficiel, serait facilement résolu, si chacun se faisait une juste idée du *droit* et du *devoir* et savait en faire l'application ; car, ce que vous appelez *égalité* n'est que le couvert des privilèges, sources des abus et de l'injustice ; or, ne voulant rien accorder à l'aveugle hasard ni à la faveur, nous n'attribuerons la récompense qu'au mérite, en assurant la vie aux infortunés. Notre cri de guerre est : *abolition des pri-*

vilèges, n'admettant pas, dans un état gouverné par l'*amour social*, que les uns jouissent sans travailler et que les autres souffrent toujours en travaillant ; celui qui possède plus qu'il n'a besoin aidera le malheureux frappé par l'adversité et, tant que l'homme aura la vigueur, on lui assurera le travail qui le fera vivre dans une aisance capable de lui donner chaque jour la paix du lendemain ; on limitera la fortune comme on limite la possession de tant de choses ; en fixant à un million de francs le maximum du capital on réaliserait la plus sérieuse des réformes parce qu'il n'est pas utile de posséder plus qu'on ne peut utiliser ; conserver des provisions en telle quantité qu'elles se gâtent est un crime social ; tout jeu de hasard, ainsi que les trusts sur les charbons et les produits alimentaires seront défendus sous des peines sévères (1). Pour réussir dans le négoce, il ne suffit pas d'avoir l'énergie, l'audace, la ruse et l'intelligence,

(1) On a bien fait une loi sur les accaparements, mais on a négligé le plus redoutable de tous, *celui des consciences*.

puisqu'il y en a qui ont tout cela et qui ne réussissent jamais ; aussi, quand j'entends un riche parvenu dire : *celui qui ne réussit pas est un imbécile!* je dis, qu'il est lui-même un triple idiot, la meilleure volonté, le plus grand courage se heurtant à des difficultés, tourments de la vie, que des circonstances fortuites, malheureuses, rendent matériellement insurmontables, la concurrence et la mauvaise foi se donnant la main pour perdre ceux qui qui n'ont pas mis leur prudence à l'abri des surprises et l'on songe si peu à sauver celui que frappe le malheur, qu'on le poursuit avec acharnement dans l'espoir qu'il ne s'en relèvera plus. Dans l'arène des luttes pour la vie, le loyalisme est rarement le prix du vainqueur. On donnera à chaque famille ouvrière une parcelle de terre avec obligation de la cultiver, ce terrain incessible sera insaisissable comme le sont tous les objets de première nécessité ; tout homme qui ne voudra pas travailler, qui n'entretiendra pas sa famille, sera déchu de ses droits civiques et paternels, les cafés lui seront défendus et une forte amende sera infligée à tout débitant qui donnerait des boissons alcooliques à un indigne ou à un insolvable dont les noms seraient affichés dans les communes de son canton, jusqu'à ce qu'ils se soient amendés; de cette façon, la paresse et l'ivresse, ces pires fléaux, seraient combattus et l'on diminuerait la contagion du vice, de la dégénérescence et du crime ; supprimer les impôts pour tout revenu inférieur à deux mille francs et imposer proportionnellement tous les autres ; frapper les alcools destinés à la consommation de 800 francs l'hectolitre ; assurer la paisible existence de la vieillesse indigente ; soustraire les pauvres et les impotents à l'écœurante mendicité dont toutes les routes de France donnent le triste spectacle, malgré une interdiction dérisoire ; assurance obligatoire de tout employé contre les accidents et la maladie sous la responsabilité des employeurs et de l'Etat ; cette assurance se ferait au moyen d'un timbre à souche hebdomadaire de 0,25 c. collé sur un carnet servant de pièce justificative ; cette prime assurerait de 2 à 3 francs par jour et les soins médicaux

aux assurés ; cette prévoyance philanthropique, adoptée en Allemagne où règne une demi-barbarie politique et militaire, prouve qu'en empruntant à chaque pays ce qu'il offre de meilleur, on arriverait à constituer un Etat modèle. La défense des cafés et la déchéance des chefs de famille indignes existent en Suisse où l'amende et la prison frappent les délinquants. Limiter les bénéfices sur les marchandises comme on limite le taux de l'argent dont l'usure est punie ; s'il semble naturel à un capitaliste de retirer le taux le plus élevé qu'il puisse trouver et qu'on lui refuse cet avantage, il faut le refuser aussi aux marchandises, ce qui est un peu plus difficile, il faut l'avouer ; mais enfin, il n'est pas juste de prélever 80 ou 100 o/o sur un produit, ces bénéfices constituant les plus nombreuses fortunes *bien acquises* que les humbles consommateurs ont élevées de leurs peines et de leur sueur ; il serait donc équitable de mettre un terme à une telle exploitation et le remède serait les coopératives ouvrières.

Le règlement des questions sociales, en apparence les plus graves, serait d'une facilité presque enfantine si on prenait crânement le taureau par les cornes au lieu de le saisir par la queue ; mais on préfère lanterner et distraire le peuple avec des paroles mensongères.

Vouloir enlever, à celui qui le possède, un bien même mal acquis, serait, quoique justifié, de l'arbitraire ; pourtant si l'on découvrait toutes les fortunes ainsi édifiées, on serait épouvanté de leur nombre, ce qui semblerait donner le droit de les déplacer selon des précédents confirmés par l'histoire montrant l'Inquisition dépouillant de nobles victimes pour enrichir des fanatiques et l'Eglise romaine exhortant à pratiquer la charité pour dépouiller à son profit ses ennemis, ce qui n'est plus de l'amour mais de la barbarie. Aveuglée par son appareil imposant qui frappe les esprits faibles, pour les maintenir sous son infernale domination, l'Eglise, qui oublie son passé de terreur, de tortures, de pleurs, de sang et de mort (1), lève sa tête d'effrontée coquine en

(1) Lire l'*Eglise romaine* et ses crimes, 3 francs, volume de 400 pages, et « *La Création* », d'après un témoin oculaire, 2 francs. Michalon, 26, rue Monsieur-le-Prince, à Paris.

prêchant des maximes de foi, de charité, d'espérance et d'amour qu'elle sut appliquer pendant trois siècles et qu'elle viole impunément depuis seize siècles, soulageant, pour la forme, la misère de quelques-uns de ses partisans, se gardant de plaindre ou d'aider les autres. L'égoïsme ne l'a pas épargnée ; elle a subi la fâcheuse influence des temps et des milieux sans s'améliorer par la pratique d'une charité plus large. Ce sujet ne pouvant m'arrêter plus longtemps, il suffira de montrer les institutions qui placent leur origine sous la tutelle d'une divinité ; loin d'être meilleures elles provoquent des troubles profonds dans le sein de toutes les sociétés sans leur procurer les avantages qu'elles avaient le droit d'en attendre. Cette remarque importante permet de tirer cette conclusion logique : l'homme ne pouvant compter que sur ses propres forces doit s'efforcer de propager les idées saines de solidarité qui enfantent l'union par l'application du bien mutuel ; de cette union a surgi de bonnes choses dont la principale fut les syndicats corporatifs s'efforçant de limiter l'exploitation des affameurs par des règlements que dicta une sage prévoyance, c'est toujours cela de gagné, mais c'est peu comparativement à ce qui reste de bonnes besognes à abattre, afin d'assurer une existence moins pénible et moins aléatoire aux classes laborieuses. Régler le travail dans les mines et les industries dangereuses, véritables faucheuses humaines, par l'exigence d'applications hygiéniques qui font défaut ; diminuer les heures de travail et augmenter les salaires qui seront d'autant plus élevés que les risques seront plus grands ; une existence ruinée, après cinq, dix ou quinze ans passés dans un milieu mortifère, ne doit pas gémir sur un grabat de douleur et d'infirmités escortées de la misère.

Le mauvais fonctionnement social est cause des plus grands désordres et les révoltes brutales sont nées de l'inégalité des répartititions, les uns s'abreuvant de jouissances stériles tandis que d'autres crèvent de misère en luttant avec désespoir contre les griffes acérées de la souffrance. Voyez, malgré tant de progrès accomplis, les nombreux enfants abandonnés aux caprices de leurs instincts pervers, paresseux, maraudeurs, déguenillés, le ventre creux, la face blême, l'expression crapuleuse de vauriens précoces ; c'est le défaut de surveillance et un mauvais entraînement qui les poussent fatalement jusqu'à la maison de correction, institution du vice qui ouvre les portes du bagne fermant toute issue à la consolation et à l'espérance.

Retenons ce que dit, de ces pauvres victimes sociales, le prince Kropotkine, puni de son droit à combattre des monstres aux volontés despotiques : « D'année en année des millions d'enfants grandissent au milieu de la saleté morale et matérielle de nos grandes villes, au milieu d'une population démoralisée par la vie du jour au lendemain, en face des ordures de la fainéantise et de la luxure dont nos grandes cités resplendissent.

« Ils ne savent pas ce que c'est que la maison maternelle, leur maison, c'est le taudis aujourd'hui, la rue demain ; ils entrent dans la vie sans connaître un emploi raisonnable de leurs jeunes forces ; le fils du sauvage apprend à chasser auprès de son père, sa fille apprend à mener le pauvre ménage de la hutte. Rien de cela pour l'enfant du prolétaire jeté sur le pavé. Dès le matin, le père et la mère quittent le taudis et vont en quête de travail. L'enfant est dans la rue, il n'apprendra aucun métier et l'école ne lui apprendra rien d'utile. Quand nous voyons la population enfantine des grandes villes grandir de cette façon, nous n'avons à nous étonner que d'une chose, c'est que si peu d'entre eux deviennent des brigands ou des assassins etc ».

Ce tableau d'horreurs souillant l'enfant au berceau est l'expression de la vérité et l'on s'étonne de la fréquence des crimes ! La cause de ces misères retombe sur l'insouciance des Etats chargés d'améliorer la situation de leurs sujets. Tous ces travailleurs qui doivent partir dès l'aube pour rentrer au crépuscule afin d'élever à vau-de-route la maisonnée où des gringalets gardent les plus petits, tous insuffisamment lestés d'une nourriture grossière, ne goûtent que dans le repos nocturne le plus court bonheur de leur vie. Ces esclaves de durs labeurs n'ont pas le temps de songer aux soins moraux à donner aux enfants ; ainsi délaissés, ne rentrant à la maison que pour recevoir des injures ou des coups, ils préfèrent déserter le toit paternel pour faire l'école buissonnière, dévaliser les vergers et mendier ; beaucoup évitent l'école, ce qui explique, au recensement militaire de 1902, en France, l'existence de treize mille illettrés ; si, à ce chiffre, on ajoute celui des filles on aura un chiffre d'autant plus inconcevable que l'instruction est déclarée obligatoire ; ce nombre d'ignorants ne s'explique que par la négligence des édiles qui préfèrent éviter un peu de peine que de tenir la main à l'exécution des lois démocratiques. Ce coupable laissé-faire enlève une grande part de responsabilité morale aux malheureux, abandonnés sur la pente de tous les vices. Dans chaque commune un comité devrait être chargé d'assurer la fréquentation des écoles et les coupables seraient punis d'amende ou de prison, comme en Allemagne et en Suisse où les enfants sont astreints de suivre les cours jusqu'à treize ans, la maladie étant la seule excuse valable; mais en France où la loi est le plus rigoureuse elle est aussi le plus impunément violée. On proclame la vertu, l'amour et la justice, des principes dominants qui sont partout masqués par des principes contraires. Habitués au jeu des fausses apparences, les faux démocrates ne cessent de se plaindre tout en assistant impassibles aux batailles livrées pour la conquête de la vie ; ils voient les vaincus délaissés après avoir perdu les droits qu'on n'aurait jamais dû leur disputer et ils voient conduire, l'air contrit, leurs victimes aux gémonies ; ainsi l'on joue chaque jour avec de grands mots pour mieux jouir de la distribution des inégalités. Les rouages du mécanisme social sont comme les sonnettes d'alarme des trains, ils fonctionnent mal et voilà pourquoi l'*amour social*, incompris, a tant de chemin à parcourir pour devenir ce qu'il devrait être.

*
* *

Après cet aperçu des erreurs et des fautes dans le champ des évolutions sociales que j'ai montrées faciles à corriger pourvu que l'on veuille y consacrer un peu d'attention, de bonne volonté et d'intérêt, je reviens à l'enfant dont le développement physique et moral est le point important de sa réussite dans son rôle d'homme, soit pour s'unir ou se faire une position, le tempérament et le caractère n'étant pas indifférents au choix d'une carrière ; car les malheurs engendrés chez ceux dont la vie est manquée, brisée, pour n'en avoir pas assez tenu compte, sont innombrables et c'est quandon a commis une imprudence irréparable qu'on y pense sans pouvoir revenir sur ses pas ; alors plus on avance pour éviter le naufrage,plus on est secoué par la tempête ; on est jeté d'écueil en éceuil, l'âme plongée dans l'amertume et dans la décourageante détresse. On peut juger de l'importance à traiter comme il convient et comme ils l'exigent les tempéraments et les caractères ; le tempérament exprime l'état du corps et le caractère celui de l'âme, mais les deux sont si intimement unis qu'ils sont inséparables ; on ne peut toucher à l'un sans impressionner l'autre, de sorte que corriger le tempérament c'est modifier le caractère, d'où la nécessité de distinguer celui-là pour l'accomoder au milieu le plus convenable, l'assouplir, le calmer ou le fortifier afin de l'adopter aux exigences des relations sociales et lui permettre de résister aux influences nocives. Le tempérament n'obéit plus aux lois de la nature lorsque la volonté est impuissante à régler ses impulsions, tandis que le caractère, soumis à des règles morales, se forme aux moules de la raison et de la sagesse. L'homme dominé par son tempérament est comme un vaisseau qui naviguerait sans pilote au gouvernail sur une mer calme ; qu'elle devienne furieuse, le gouvernail ne pourra plus le guider faute d'un pilote assez fort ou assez énergique ; il importe donc que le gouvernail soit assez solide et que la main qui le dirige soit ferme et vigoureuse pour ne pas voir échouer le vaisseau sur quelque récif.

Le tempérament présente quatre caractères fondamentaux et en prenant une forme de chacun d'eux il tient des qualités de ses composés pour devenir mixte. Les tempéraments types sont *bilieux*, *sanguin*, *nerveux*, *lymphatique*. Le tempérament étant un héritage indépendant de la volonté de celui qui l'acquiert, les troubles qui se déclarent sous forme d'excès sont atténués considérablement par l'irresponsabilité, le raisonnement n'étant pas toujours capable de dominer la passion qu'on a laissée se développer sans tenter de la corriger.

Le tempérament bilieux n'est pas dû, comme le croit le vulgaire, à l'influence de la bile, mais à la prédisposition au flux bilieux et aux affections du foie. Les bilieux ont les formes anguleuses et les muscles très apparents; les os sont développés, le corps est agile, la peau est foncée, les cheveux sont noirs, la physionomie est décidée, l'œil est brillant, l'esprit est prompt et l'intelligence très vive.

Avec ces sujets colériques, disposés aux emportements, il faut être prudent ; quoique leur colère soit comparable au lait sur le feu, il faut leur éviter des motifs de colère trop brusque, des frayeurs, des peines et des chagrins trop vifs pouvant provoquer cette révolution que le peuple appelle très justement : *un débordement de bile dans le sang* qui équivaut à la jaunisse (ictère) ou à l'empoisonnement du sang. La gravité d'un pareil état doit mettre sur ses gardes l'entourage des bilieux que tout impressionne. Aux enfants qui ont ce tempérament, il faut donner une nourriture rafraichissante et éviter tout excitant ; surveiller leur intelligence sans troubler leur imagination, déjà trop vive, par des contes impressionnables ; leur donner des leçons de choses à la place de fables dont le merveilleux peut fausser leur jugement ; les reprendre avec douceur lorsqu'ils se trompent ou commettent une faute, car le raisonnement convient mieux à leur nature que la violence. En un mot, il faut les prendre par le sentiment pour atteindre le meilleur résultat. Leurs sens physiques étant au diapason de leurs sens moraux, ne pas exciter les uns de peur de troubler les autres

Le tempérament sanguin est lié aux constitutions particulièrement riches en liquide vital ; le corps est puissant, la peau rouge est chaude, le visage fortement coloré est plein ; les formes sont rondes ; les vaisseaux sanguins gonflés ; l'œil est vif, le caractère emporté, les passions violentes, l'activité cérébrale très grande ; le cœur est généreux, la colère prompte et facile. Les sujets ainsi constitués sont exposés aux accidents mortels les plus brusques et les plus imprévus : congestions, attaques apoplectiques, ruptures d'anévrismes, méningite ; ils sont disposés encore à la dyspnée (gène respiratoire), aux affections inflammatoires, aux hémorragies et aux maladies du cœur. De pareilles prédis positions exigent, on doit le comprendre, les ménagements dont ont besoin les héritiers de ce tempérament qu'une émotion trop vive peut foudroyer. Ne jamais provoquer chez eux de colères dont la folie ou la mort pourrait ëtre l'effet déplorable. Les enfants sanguins seront traités comme les bilieux et les nerveux ; des bains fréquents, chauds l'hiver, froids l'été, leur seront utiles en prévenant l'affluence du sang au cerveau.

Tempérament nerveux. Les constitutions nerveuses se distinguent par la mobilité de la physionomie, de tous les muscles et du caractère qui est souvent capricieux ou irascible ; elles donnent de grands cœurs, mais de fortes têtes ; tout dans l'individu manifeste une impatience fébrile et si l'éducation ne tempère une disposition naturelle à la violence, la brutalité se montre pour le motif le plus futile, alors le nerveux *voit rouge* et sa fureur aveugle peut aller jusqu'au crime. Les nerveux sont pâles, maigres, d'une énergie souvent surprenante ; leur sensibilité est remarquable ; leur intelligence et leur imagination sont aussi fécondes qu'originales ; leurs goûts et leurs idées sont changeants comme les vues d'un cinématographe. A cette catégorie appartiennent les chloro-anémiques et les névrosés qui présentent des troubles si variables ; au début des manifestations morbides, ils sont tristes, défiants et se plaignent de malaises vagues, indéfinissables, qui les font prendre faussement pour des malades imaginaires ; chez ces sujets, le moral est manifestement plus atteint que le corps ; à la moindre impression désagréable ils deviennent mélancoliques et pleurent, tandis que la moindre consolation les relève et les fait rayonner de joie ; beaucoup, tourmentés d'une soif ardente d'émotions, se livrent à des excentricités qui ne sont pas sans danger, en s'adonnant à des exercices violents, en prenant toutes les drogues qu'on leur conseille ou qu'ils jugent propres à calmer leurs angoisses ; ils éprouvent quelquefois un besoin irrésistible de dépense musculaire ; dans leurs mouvements saccadés, leurs travaux, leur démarche, ils paraissent infatigables. Les nerveux sont tributaires de crises nerveuses, de convulsions, de spasmes, d'attaques paralytiques locales (ataxie) ou générales (neurasthénie), d'hystérie, de nymphomanie, d'éclampsie, danse de saint Guy, convulsion du jeune âge, enfin de l'épilepsie, affections redoutables qu'il est important d'empêcher d'éclore. Les enfants nerveux sont volontaires, il faut résister à leurs caprices et à leurs ruses par une grande fermeté non dénuée de douceur ; avec ces enfants-là il ne faut pas de violence qui les rendrait dissimulateurs, rancuniers, vindicatifs et méchants ; les douches leur conviennent mieux que la brutalité ; ne leur donner aucun excitant, les coucher sur un lit un peu dur ; leur faire suivre un régime adoucissant, leur donner des boissons calmantes et les plonger souvent dans des bains tièdes. Aux moindres manifestations de troubles nerveux, les traiter convenablement en évitant l'usage du *bromure de potassium* qui déprime le cerveau.

Tempérament lymphatique. Ceux qui ont cette constitution sont les plus à plaindre ; facilement reconnaissables, leur peau est fine, délicate, d'un blanc laiteux ; les chairs sont flasques avec disposition aux humeurs et à l'inflammation des glandes qui s'ulcèrent, laissant des traces indélébiles qui donnent à leur extérieur un cachet de misère physiologique que confirment leur indifférence, leur manque d'énergie et de résolution ; ces sujets défavorisés ont pourtant l'avantage de supporter les plus grandes peines sans trop d'affliction ; on les dit courageux alors qu'ils manquent de sensibilité ; leur apathie est indépendante de leur volonté, le système nerveux n'éprouvant pas l'excitation qui réveille son activité dans les autres constitutions ; dans le sang où les éléments vitaux manquent, c'est la lymphe qui domine, constituant un véritable poison désorganisateur. L'héritage des lympathiques est riche en mauvais lots : adénites, ulcères, érysipèles, scrofulose, tumeurs, tuberculose, rachitisme. Les enfants lympathiques ont besoin de soins intelligents ; leur turbulence n'est généralement pas à craindre, car ils sont plutôt tranquilles et craintifs ; une nourriture fortifiante, riche en phosphore, des préparations iodurées et des bains de sel marin sont ce qui leur convient le mieux. Pendant les premiers mois ces enfants ont l'apparence de la santé la plus florissante, ils sont joufflus, gros, potelés et on dit d'eux : *Quels beaux enfants !* C'est surtout le cas de dire, ou jamais, que les apparences sont gravement trompeuses.

Un régime bien entendu modifie avantageusement la constitution de ces pauvres créatures dont la vie et le bonheur sont si fatalement compromis.

Les tempéraments ou constitutions et les aptitudes qu'ils donnent étant connus, on comprendra l'importance d'en tenir compte pour unir deux êtres inexpérimentés ; car voit-on deux névrosés, deux bilieux réunis pour se jeter des pots d'eau ou des verres à la figure ; s'imagine-t-on le pacifique et magnagnime Socrate avoir l'irascibilité de sa peu endurante épouse ?

Les caractères ne doivent pas être tout à fait semblables ; lorsqu'ils sont à un degré d'intensité extrême la loi des contrastes leur est préférable pourvu qu'elle ne soit pas trop exagérée ; on aime l'eau avec le vin mais si l'une est en quantité trop grande, c'est un breuvage répugnant. En tout il faut une sage mesure, une proportion calculée, sous peine de provoquer des phénomènes inattendus : Tous les goûts, dit-on, sont dans la nature et c'est pourquoi on néglige de les y accommoder.

*
* *

L'amour, c'est le dévoûment sans intérêt et sans bornes ; c'est l'abandon sans calcul, mais ainsi, il est si rare que chaque génération n'en offre que quelques exemples.

L'amour a horreur des violences funestes aux humains qui l'invoquent pour exprimer une lâcheté ou une trahison ; à ses apirations sublimes on a suppléé l'égoïsme provoquant la haine implacable qui bouleverse la société par l'horreur de ses explosions réfléchies ; car l'homme gêné pour assouvir ses passions est plus féroce que le tigre ; rien ne l'arrête et sa fureur n'est même pas satisfaite pour la vie ôtée à ses adversaires. Partout la morale est blessée, la faiblesse vaincue et le mal triomphant ; loin de mépriser la fatuité, la richesse, l'orgueil, on recherche tout ce qui flatte l'envie ; on viole la justice, l'amour et la charité qui sont les vrais joyaux de l'humanité ; on préfère l'ignorance et l'illusion à la vérité ; la débauche au bras de la trahison est si grande que peu d'enfants peuvent dire : Celui-là est mon père !

« L'amour, a dit Toussenel, est la passion des grands cœurs. » Mais si nous cherchions ses manifestations, nous les trouverions plus étudiées que sincères, plus intéressées que généreuses. Prenons l'*amour national*, l'histoire ne nous en montre pas un exemple désintéressé par siècle. Vercingétorix et Jeanne D'Arc furent les plus beaux modèles du genre et si les communes, les cantons, les provinces possédaient tous les patriotes qu'ils découvrent il n'y aurait que cela, malheureusement les cités ne sont riches qu'en sujets qui savent, par des termes remuants, servir leurs intrigues et assurer leur domination ; ces accapareurs de suffrages, faux patriotes, ont les secrets de toujours tromper le peuple par les mêmes moyens ; ils ne doutent pas de leur *valeur politique et morale* pour enjôler les naïfs dont ils louent la bêtise et la persévérance à payer leur crédulité ; les leçons du passé ne servent qu'à leur faire dire : Une autre fois on ne nous trompera plus, et cette autre fois, c'est toujours !

Quel est ce penard qui fait retentir les échos d'un pays montagneux, chantant la « *Liberté* » et les « *Monts indépendants* », chaud démocrate exploitant le travailleur et dont la nullité en tout est notoire? C'est M. le député des... qu'on salue très bas pour ses écus et son influence, qu'on méprise tout haut pour son privilège de la boulangerie ; cependant qui n'a joui de son talent académique qu'il ne manque jamais de faire briller à chaque séance politique ; c'est invariable : « Je demande la parole !... pour dire que... c'est une simple observation...! » Son patriotisme, qui est à la hauteur de son talent, consista à faire élever son fils aîné dans sa *chère patrie !* mais trouvant trop faibles les sciences de son pauvre pays il expédia ce cher fils à l'étranger où, moyennant l'échange complaisant de titres non équivalents, il put continuer plus sérieusement ses études ; devenu docteur, sa patrie fût jugée indigne d'un pareil phénomène et on approuva sa dénationalisation ;

or, celui qui n'est pas né à l'étranger, et n'a pas l'absolue nécessité d'opter pour la nation où il se trouve, est un traître.

Quel est ce citoyen dont la jeunesse orageuse fut si prêt à sombrer dans une tentative de suicide ; qui fut ingrat envers sa mère ; qui fut *un grand coupable* et le reconnut tardivement pour en retirer un avantage commercial, en criant : *Vive l'amour social ! Un pour tous, tous pour un ! L'union fait la force ! Unissons-nous, la solidarité fera notre force et nous donnera la victoire ! Le capital, voilà l'exploiteur, travailleurs, voilà aussi votre ennemi !* »

Ce beau parleur fut député socialiste (1), défenseur redoutable, à l'argumentation incontroversable, aussi son *amour fraternel et social* fut-il *noble* jusqu'à offrir son talent oratoire à ses frères malheureux, pour les *exploiter fraternellement*. On n'est pas plus snob et cette scélérate fraternité résume les principes de toute politique où l'on trouve la domination avec la fourberie.

(1) Remercié en 1903, dans le canton de Neuchâtel.

Quand on critique l'armée (1), les patriotes promoteurs d'assassinats internationaux hurlent au scandale parce qu'ils ne rêvent que sang et carnage pour la vaine gloire attachée à l'habit du soldat qui symbolise la force violant les droits des plus faibles, de sorte que les galonnés approuvent les crimes d'un Napoléon, d'un Bismark, d'un Galliffet, d'un Chamberlain faisant massacrer le peuple révolté pour conquérir la liberté ; ils applaudissent encore aux actes de ces officiers prussiens qui, faisant moins de cas de la vie d'un homme que de celle d'un chien, l'anéantissent lâchement, trouvant glorieux de rougir une épée de sang humain et voilà ce que des hommes appellent l'amour !

La gloire, c'est le néant paré du manteau de la vanité, c'est la sanctification de l'oppression et du vice, c'est la préparation de tous les malheurs, c'est le fléau de l'humanité éblouie par l'illusion, c'est une ivresse passa-

(1) La caserne est l'école du crime, puisqu'on y cultive l'art de détruire ou de tuer ; elle est l'école du vol, puisque tout soldat volé n'a pas le droit de se plaindre, sous peine d'être puni.

gère dont la perfidie, la ruse, la trahison, l'orgueil et la violence sont les agents communs. La gloire, qui a souvent pour piédestal un crime, n'est qu'un peu de fumée que le temps dissipe et dont il ne restera absolument rien, les derniers terriens devant mourir d'inanition et de froid, désolantes perspectives, car la puissance ni l'or ne pourront apporter le moindre soulagement à l'agonie de la nature épuisée.

Pour excuser la guerre on la proclame *un mal nécessaire*, comme si le vol, la destruction et la mort violente étaient le but inévitable de la vie, et c'est une loi religieuse (comme si l'amour ne résidait nul part) qui a sanctionné partout ces abominations ; car tous les *livres sacrés* ordonnent, au nom d'une divinité fabuleuse inventée pour le progrès d'une mauvaise cause, de combattre tous ceux qui doutent d'une révélation grotesque établie pour excuser des luttes fratricides, ce qui donne le degré de la jalousie et de l'injustice divines.

La fable immorale montrant deux frères ennemis, au début du monde, ne fut inventée que longtemps après la formation de nombreuses sociétés ; elle s'inspira alors des désordres qui se produisirent au sein des familles comme il s'en produit et comme il s'en produira malheureusement toujours ; mais la fable oublia que les premières famil'es, loin de songer à se détruire, étaient étroitement unies, leur but étant de prolonger le plus possible leur existence ; il en fut ainsi tant que l'or fut inconnu et aussi longtemps que l'homme resta végétarien, car la prodigue nature permettait de toujours puiser dans son sein prolifique dont la chaleur engendrait avec une abondance constante ; du reste la mâchoire de l'homme n'indique pas chez lui des instincts carnivores et il vécut longtemps sans songer à manger de la chair et à boire du sang. La chasse fut un progrès tardif et funeste qui fit naître des instincts sanguinaires.

Il aurait fallu pourtant peu de choses pour faire de la terre un Eden relatif où les souffrances sociales eussent été inconnues; pour cela il suffisait que le cœur fût fermé à l'ambition, à la haine, à l'égoïsme, à la jalousie, à la vanité et à la paresse ; la convoitise a tout perdu en défendant à *l'amour social* de gouverner.

Quel peuple n'est pas voleur et assassin ? Tous ont prospéré sur les dépouilles des vaincus et non contents de se fixer des limites naturelles ils ont imposé à d'autres un joug affreux, vouant à la mort leurs plus nobles défenseurs et aujourd'hui pour donner le change sur les sentiments fraternels des peuples prêts à s'entre-tuer, des Républiques offrent la main à des despotes en se donnant des baisers Lamourette. N'osant pas appeler cela, des fourberies de diplomates, les dirigeants disent que c'est un simple jeu de la politique, quand ce n'est que le prélude d'un mélodrame, couronnement de la comédie humaine qui pousse le ridicule à nous montrer un pape faire des avances à un roi protestant qui fut le plus dissolu de son royaume et ce roi baiser la mule papale. Où est le temps où les papes anathématisaient les princes hérétiques ?

Dans l'armée, immorale et ruineuse, (1) qui devrait être l'école de la fraternité plutôt que

(1) Lire *L'Armée contre la nation*, par Urbain Gohier.

celle du vice et du crime, on y voit l'esprit mesquin, l'ignorance, l'abrutissement commander, énerver, tourmenter et punir sans rime ni raison. Certains régiments ne sont que des organisations disciplinaires crapuleuses ; dans le midi elles ne sont pas rares. A la tête de ces régiments sont des jésuites ; les séminaristes, ces inutiles, y jouissent seuls de prérogatives, tandis que leurs camarades subissent tous les excès du commandement et toutes les humiliations. Des sous-officiers pédants, grossiers, jaloux de toute supériorité intellectuelle, ne manquent aucune occasion d'étaler leur fatuité d'imbéciles ; au lieu d'agir avec sévérité mais justice, ils punissent pour le plaisir de montrer le prestige attaché à la tyrannie galonnée et, des sous-ordres aux plus élevés, ce plaisir est toujours plus grand, plus abusif et plus abominable. Au lieu de tenir compte de l'aptitude, de l'éducation, du tempérament et du caractère des hommes soumis à une aveugle obéissance, on les traite sans égards comme des brutes destinées à l'abattoir.

Voici un régiment disciplinaire, le colonel est un lieutenant de sacristie (1), ses officiers, jésuites ou juifs, n'ont aucun sentiment humain, ils punissent sans cesse les hommes en les menaçant de leur faire faire du *rabiau* pour la moindre pécadille ou s'ils se font porter malades ; au régiment il faut crever à la tâche, un soldat peut souffrir, il ne doit pas se plaindre, ce n'est plus un homme, ce n'est même pas un animal ; un soldat qui a des ampoules ou des excoriations et qui demande un peu de repos est soigné avec huit jours de salle de police qui deviendront huit ou quinze jours de prison avec l'un de ces motifs : *pour mauvais entretien de sa chaussure* ou *n'a pas été reconnu malade.*

Le régime de la prison régimentaire est une torture barbare ; de cinq heures du matin à dix heures, les prisonniers, le sac complet surchargé d'un sac de sable ou de cailloux, sur le dos, font la course au pas gymnastique en plein soleil ou immobiles devant une

(1) A l'occasion de l'expulsion des congréganistes, on a pu remarquer l'esprit des officiers.

muraille blanche qui réfléchit sur les malheureux des rayons de 35° à 50° de chaleur ; le soir, d'une heure à cinq, la *valse* est répétée, sous l'œil des tortionnaires. Allons, soldats, saluez le drapeau du régiment, ce n'est plus celui de l'amour, c'est celui de la mort !

Et le major, cet homme qui reçoit en dépôt sacré la vie pour la ménager, pour conserver la santé, prévenir la maladie et soulager la souffrance, n'est, le plus souvent, qu'une brute aussi insouciante que dégradée ; il ne voit dans un moribond qu'un dissimulateur et, au lieu de lui ouvrir l'infirmerie ou l'hôpital, il l'enverra en prison où deux ou trois jours plus tard il trouvera la mort, frappé d'une pleurésie, d'une pneumonie ou d'une affection aussi grave et le pauvre diable, fils unique peut-être, la joie, le soutien et le seul espoir d'une humble famille, était parti joyeux, plein d'orgueil de servir la patrie qui, pour le remercier de son sacrifice, le fait assassiner lâchement, à la fleur de l'âge, par l'un de ses agents, un traîneur d'épée, plus dévoué à godailler qu'à faire son service et qui ne fait aucun cas de la vie. Et l'on voudrait qu'on aimât par dessus tout une institution aussi imprévoyante !

Ce galonné, qui dispose ainsi de la vie d'une jeunesse active, se moque de tout, en tout malade il ne voit qu'un *embarras gastrique* et il ordonne un vomitif, une infecte tisane ou une diète idiote qui a cependant l'avantage *d'être économique*; dans les douleurs il ne voit rien de plus intelligent que d'appliquer de nombreuses pointes de feu ; l'ignorance et la barbarie font la plus belle union criminelle, aussi ne peut-on songer, sans frémir, au nombre de chefs qui tomberaient sous d'autres balles que celles de l'ennemi, en cas de guerre, ce qui ne serait peut-être pas de la justice, mais l'argument de terribles représailles. Et l'on s'étonne que la mortalité soit quatre fois plus grande que dans l'armée allemande !

Cependant, à voir, pendant les grandes manœuvres, les pantalons rouges s'égrener à travers champs, admirant un entrain forcé, on ne se doute pas de la mauvaise organisation administrative (1). Aux grandes manœuvres de 1902, des 16e et 17e corps, on ne remarquait point ces soldats qui, perdant leur compagnie ou même leur régiment, passaient sans le savoir dans le camp ennemi ; on ne voyait pas tel régiment immobilisé, ne sachant ce qu'il devait faire ; on ne voyait pas non plus, ces hommes affamés devant se contenter d'eaux croupies pour se désaltérer ; ceux qui applaudissaient l'endurance de ces malheureux ne se doutaient pas qu'un bataillon du 17e corps resta vingt-quatre heures sans toucher aucune nourriture ; pourtant des officiers étrangers furent admis à contempler cette organisation, admirable en surface, faisant de ces hommes, exposés à leurs regards, des victimes de règlements barbares. Ici, un capitaine, gueulard et tutoyeur des soldats, faisait des observations niaises, stupides, suivies de menaces de la prison ; là, un major, plein d'insuffisance, se plaisait à punir des hommes blessés

(1) Si la France, en faisant servir des hernieux, des tuberculeux, des éclopés, croit grandir son prestige et faire peur à ses ennemis, elle se trompe.

ou fiévreux ; il préférait voir crever un homme que de le reconnaître malade et, quand un dispensé de l'article 23 était à la veille de quitter ce bagne, il lui touchait gravement la main en lui disant : « Vous ne regrettez pas la caserne ! » — « Non, M. le major. » — « C'est dommage ! vous êtes arrivé robuste et vous n'êtes plus qu'une ruine humaine ! » (*sic*).

Dans ce tableau écœurant de parade militaire, il y avait le prince des Ecuries, comme on l'appelait, un homme poli, ne ménageant pas plus les compliments que les applaudissements aux troupes se saoulant d'air, de chaleur et de fumée, tandis que lui et sa suite avaient besoin de mouvement et de distractions pour activer la digestion pénible d'estomacs repus d'excellents mets.

Ainsi vont les hommes, les uns ruinant leur santé pour amuser les autres et, pour intermèdes de cette comédie où l'amour national ne joue aucun rôle, on loue emphatiquement la nation qui ferait mieux de donner à tous ses enfants des vertus civiques que de faire de ses soldats des martyrs.

La comédie humaine se joue partout avec la dernière désinvolture. Dans chaque fête internationale ou autre on constate un enthousiasme d'amitié. A entendre crier : vivent ceux-ci ! vivent ceux-là ! on se croirait transporté dans le temple de la paix, de la sincérité et de l'amour ; malheureusement ce jeu n'est qu'une parodie de circonstance.

On dore la pilule au naïf étranger,
En convoitant son or, afin de l'obliger,
Car le meilleur moyen d'éviter la rancune
Est de tendre la main en visant sa fortune.
Tous les cœurs sont unis au programme du jour ;
Ecoutez les chansons inspirées de l'amour !
De beaux arcs triomphants, dans nombre d'avenues,
Flattent, de mots pompeux, les classes parvenues :
Très chers concitoyens, nombreux venez à nous,
Ecoutez notre appel, car nous comptons sur vous.
Les charmes du progrès, au teint patriotique
Frères, font la splendeur d'un sol démocratique.

Et le lendemain on criera : A bas les Suisses, les Allemands, les Anglais ou les Français ! Voilà comment on cimente le règne de la paix. Le culte de la haine est si peu voilé qu'on ne manque aucune occasion de rappeler une défaite par des réjouissances humiliantes pour les vaincus. Et nos hommes politiques qui prêchent de si belles théories, que sont-ils dans la pratique ? Des comédiens ; celui-ci veut manger du prêtre qu'il trouve bon pour instruire sa femme et ses enfants ; celui-là encense le peuple pour mieux le duper. Dans tous les milieux on sacrifie l'intérêt social à des ambitions personnelles et une foule de farceurs baptisent cela : *travailler pour l'amour du peuple !* La perfidie n'a pas épargné les sectes qui devraient le moins la connaître. Des pasteurs américains osent prêcher la guerre contre les nègres qui, pour eux, ne sont pas des hommes créés à l'image de leur dieu imaginaire. Une secte anglaise, qui fait école, enseigne enfin à la femme l'*art de la complète indifférence*, ce qui caractérise bien l'état d'âme de ce peuple vénal, alcoolique et dégénéré.

Nous allons voir maintenant le rôle d'Amour chez les individus ; ce sera le miroir de l'humanité dans lequel elle n'ose se mirer, les souvenirs qu'il évoque n'étant pas faits pour flatter son amour-propre ; nous assisterons aux tromperies, aux parjures, aux folies sous l'influence d'Eros impudique, d'Aphrodite insensible et de la voluptueuse Nymphomane.

Erasme a fait « l'Eloge de la Folie » en prouvant que tout homme dépourvu d'un petit grain de folie, est morose, ennuyeux, insupportable et insociable ; en effet, où la gaieté brille, le plaisir règne et, sans elle, il n'y a point de vie agréable. Les écarts d'Amour, s'ils sont une folie plus sérieuse, sont généralement liés à des troubles pathologiques d'autant plus graves que les sujets sont entraînés par une fatale disposition constitutionnelle, sur laquelle de mauvais éducateurs fermèrent les yeux, ce qui atténue la responsabilité de désœuvrés sacrifiant tout à la volupté, d'où la nécessité de distinguer l'amour de ses écarts pour qualifier les penchants de l'individu et le juger dans ses rapports avec la société.

Messaline, reine voluptueuse qui se prostituait la nuit, les seins emprisonnés dans un réseau d'or, en des lieux infâmes, n'était pas une amoureuse, mais une névrosée lascive, inassouvie de jouissances grossières ; des bras de Claude elle passait dans ceux d'un citoyen, d'un soldat ou d'un vil esclave en ivresse, recherchant des assauts de brutes plutôt que des caresses douces et réservées ; après l'orgie, non satisfaite, elle retournait recevoir les épanchements trop fades de son royal époux, puis elle caressait Britannicus dont la bouche virginale essuyait les lèvres de sa mère, encore humides des baisers de sa basse prostitution.

Phrynée, dont la beauté corporelle, exhibée par son habile défenseur aux yeux avides et étonnés de l'aréopage, sauva la vie, dut à sa remarquable beauté, d'être employée au service divin réservé seulement aux vierges, et pourtant Phrynée n'était qu'une courtisane ; comme toutes celles des temps passés, présents ou futurs, elle était incapable d'aimer ; quand on aime d'un amour véritable, on ne trompe pas celui que l'on dit adorer ; courtisane de grande volée, Phrynée avait une haute opinion de son prestige et savait combien ses charmes pouvaient être estimés lorsqu'elle proposait à Alexandre de détruire Athènes et elle de la rebâtir.

Cette femme, qui servit de modèle à Praxitèle pour sa Vénus de Milo, pouvait éprouver quelquefois la volupté des sens mais non celle de l'âme ; son corps était une machine à plaisir, son âme une glacière où les feux de l'amour s'éteignaient sans l'impressionner; elle n'avait pas la passion aussi violente que Lesbie qui répondait à ce bon et naïf Catule par des odes brûlantes auxquelles il ne comprenait rien, son amour platonique n'étant pas influencé par les débordements d'un cœur volcanisé.

Sapho, cette autre voluptueuse qui donna, à tort ou à raison, son nom à une habitude que goûtent beaucoup de femmes entre elles, était poète ; or, si les poètes ont, en général, une imagination féconde, ils ne pèchent point par excès d'amour et ce que leur cerveau produit, sous l'influence de l'inspiration, n'est qu'une image artificielle ; s'ils sont admirables en théorie, ils sont détestables en pratique et quand on lit de leurs poésies, inspirées croit-on par le feu d'un pur amour, cette pensée vient à l'esprit de sensibles lectrices : comme ils doivent aimer et comme il doit faire bon de vivre à côté de tels hommes! Ce n'est qu'une erreur ; le poète, amant de ses vers, ne songe qu'à rimer ; son âme, enivrée de sensations étranges,est avide de communiquer ses voluptés idéales. Cet amour n'est qu'une ivresse passagère de l'âme en dehors de laquelle tout est étranger, insipide, méprisable. Les poètes ne sont pas de brillants modèles de patience et de gaîté ; leur esprit voyage au-dessus des nuages, retenu par des visions qui les détachent un peu des attractions terrestres ; ils font souvent le contraire de ce qu'ils pensent et leur conduite est parfois en contradiction avec les sentiments qu'ils expriment avec tant de chaleur. L'amour du poète, plus étudié que réel, est toujours rêveur ; étranger à ce qui se passe autour de lui, le poète n'entend pas ce qu'on lui dit, il s'irrite pour rien et il est de peu agréable compagnie tant son humeur est massacrante ; le rire franc épanouit rarement son visage assombri par la recherche de rimes à effet et plus d'un a eu une renommée d'insociable. Le poète recherche peu les plaisirs charnels, c'est pourquoi il faut modérer son jugement sur les auteurs des poésies les plus érotiques qui sont comme une lanterne magique reproduisant de beaux paysages qui n'existent que sur des plaques de verre. Il y a en tout poète deux hommes, un qui pense, l'autre qui agit ; c'est une liaison d'antagonismes.

Sapho est le modèle antique de l'amour érotique ; son âme, embrasée au feu de la volupté imaginative, brilla de reflets d'autant plus puissants que le polythéisme, incompréhensible composition, frappait l'esprit humain qui avait besoin de comparaisons pour saisir non la divinité mais en admirer la difficile conception, tant elle offrait au génie natif des allégories qui excitaient ses manifestations.

Ces vers de Sapho, traduits par Boileau, dépeignent bien l'état d'âme de la docte névrosée :

« Heureux qui près de toi pour toi seule soupire,
Qui jouit du plaisir de t'entendre parler,
Qui te voit quelquefois doucement sourire !
Les Dieux, dans son bonheur, peuvent-ils l'égaler ?

« je sens de veine en veine une subtile flamme
Courir partout mon corps, sitôt que je te vois

Et, dans les doux transports où s'égare mon âme.
Je ne saurais trouver ni de langue ni de voix.

« Un nuage confus se répand sur ma vue,
Je n'entends plus, je tombe en de molles langueurs :
Et pâle, sans haleine, interdite, éperdue,
Un frisson me saisit, je tombe, je me meurs !

Cette volupté, exprimée par une âme en délire sous le feu d'une passion troublante, ne signifie point que Sapho se plut à éprouver des sensations physiques anéantissant l'être sous des caresses que la nature permet aux animaux. Peut-être voulut-elle dépeindre l'impression psychique de deux amantes ou seulement idéaliser un rêve aux souvenirs énervants ; ce qui le ferait supposer, c'est la fin tragique de Sapho, brisant sa vie dans le saut de Leucade, désespérant de ne jamais pouvoir réaliser les rêves qui avaient incendié son cerveau, son cœur et son âme.

Que Sapho ait été la fondatrice d'un art de débauche appelé le *contre amour* ou plaisir unisexuel qui n'empêchait pas de rechercher l'autre pour étaler un luxe insolent, ou que des lectrices de l'érotique poète aient puisé dans ses vers le secret de raffinements intimes, toujours est-il avéré qu'elle fit école, que ses élèves furent nombreuses et que plusieurs furent célèbres comme Lesbie qui, bien que parfaitement formée, aurait voulu être insexuée pour mieux épuiser les deux sexes.

Ces femmes trop galantes, qui connaissaient la valeur exceptionnelle de leurs grâces, n'avaient pas honte de les étaler orgueilleusement en public, tant elles redoutaient peu de rivales ; (Ovide, dans l'*Art d'aimer*, donnait aux filles romaines le conseil de se montrer à moitié nues, où vêtues de façon à ce que nul charme n'échappât aux regards avides de belles curiosités) ; elles ne rougissaient point de dire à la passionnée désireuse de connaitre les secrètes perfections de Vénus-Aphrodite (1) : Viens t'enivrer à ma coupe, elle est ornée d'une couronne d'or, elle est suspendue au-dessus de deux colonnes d'albâtre, elle est remplie du nectar distillé par le maître des dieux

Lire *Aphrodite*, par Pierre Louys-Borel,, Borel, libraire, 21, quai Malaquais, Paris. Volume magnifiquement illustré 3 fr. 40.

bienfaisants, son parfum est celui de l'amour inconnu, il est plus doux que le miel et plus fin que l'ambre mêlé à l'encens, c'est le parfum exhalé du flanc de Vénus, il rend jaloux les immortels. Peut-être cette fougue amoureuse a-t-elle pris naissance à l'écoute de la légende d'Iphis, ce héros mythologique aux jeux étranges, symbolisés par un disque.

Que peut-on imaginer de plus désirable qu'une femme au corps épanoui sous les rayons excitants de la beauté, s'offrant sans voile et sans réserve à l'aimé, languissante d'éprouver le frisson d'amour qui prend sa source dans le sanctuaire de la vie ? Un homme qui a goûté une heure de ce bonheur peut mourir, il a été assez heureux.

Dans l'égarement de l'exaltation sexuelle la plus extraordinaire, les passionnels de tous ordres, qui ne franchissent pas les limites du champ où les caresses deviennent un élan de la bestialité antiphysique, sont excusables et ne peuvent être comparés aux créatures abjectes qui n'ont ni cœur, ni âme, ni sexe, aux eunuques non castrés qui sont vertueux parce qu'ils sont morts à tout sentiment affectif ; ces eunuques plus malheureux, que l'aveugle qui vit la lumière, sont les êtres les plus méprisables de la création. Le temple de la génération fut partout l'objet d'un culte particulier; dans l'Inde, où l'on pousse au suprême degré l'art de l'amour, le plus doux et le plus noble de tous, des prêtres, en certains lieux, se promènent entièrement nus, et appellent les femmes sur leur passage pour embrasser pieusement et publiquement la porte sacrée de ce temple, le *ioni* des Indous, le *lotus* des orientaux, le *vase mystique* des chrétiens catholiques qui l'adorent avec un soin jaloux.

Ceux qui comparent l'amour humain à celui des bêtes, oublient que la douce volupté naît des caresses et de baisers ; deux bouches confondues, deux corps unis, deux âmes alliées, deux énergies qui meurent dans une commune étreinte, goûtent le bonheur suprême. Plaignons ceux qui redoutent ou refusent les caresses de l'amour, ils sont indignes de la vie dont ils violent le principe et les lois.

Si Sapho fit des élèves pratiques, elle eut

beaucoup plus d'imitatrices théoriques. Un grand nombre de femmes éprouvent le besoin d'exprimer l'état de leur âme à la suite d'une liaison désirée et souvent elles négligent la prudence la plus élémentaire, en oubliant de soustraire à la curiosité du principal intéressé une preuve compromettante. Témoin cette jeune et jolie femme élevée avec des goûts artistiques, rêvant toilettes magnifiques, réceptions, fêtes, plaisirs et qui se maria en négligeant de se donner à son mari comme celui-ci se donnait à l'infidèle. Leur position ne permit pas à la volage de satisfaire ses goûts ambitieux mais elle se dédommagea dans une liaison avec un ami intime de son mari et voici le souvenir que celui-ci trouva, dédié à l'amant par la coupable. Cette poésie n'est pas indigne de Sapho car elle ruisselle d'un amour violent qui causa sa mort, l'époux outragé n'ayant pas cru pouvoir mieux se venger qu'en tuant celle qui l'avait si indignement trompé :

« Dans mes souvenirs d'amoureuse,
Dans mes chers souvenirs d'antan,
M'apparaît la minute heureuse

Passée dans un clocher roman.
Mon ami — c'était un savant —
Adorait mon humeur rieuse,
Et moi j'aimais éperdument
Son âme calme et sérieuse.
Des extrêmes, c'est étonnant,
Souvent l'union est heureuse.

Nous restâmes un long moment,
Tout en haut des marches plâtreuses,
Assis sur un granit branlant,
Admirant la fin lumineuse
D'un automnal soleil couchant.
Au loin l'atmosphère brumeuse
S'épaississait très lentement,
Et Sélène, pâle et frileuse,
Découvrait son premier croissant.

La descente fut périlleuse
Et s'opéra tout doucement,
Le pied peu sûr, l'âme peureuse,
Je m'appuyais sur mon amant,
Et lui plein d'une ardeur joyeuse.
Pressait sur son cœur palpitant
Le cher corps de son amoureuse ;
Et c'était si étroit, vraiment,
Que nos lèvres voluptueuses
Se rencontraient à chaque instant,
Oh ! la descente merveilleuse,
Nous nous aimions. C'était charmant,
Et l'heure était mystérieuse ;
C'est pourquoi, vivrai-je cent ans,

Toujours je deviendrai rêveuse
A la vue des clochers romans. »

Demandez aux hystériques, ces névrosées tourmentées par une lubricité incessante, de vous dire les rêves qui les plongent dans l'ombre de la réalité et vous serez stupéfaits de l'intensité de leurs impressions et de leur influence sur le corps à l'état de veille.

Dans les vers de Sapho, je serais tenté d'y voir une inspiration chaste, comparée aux rêves lascifs de sainte Thérèse, dont la lubricité mystique est dépeinte sans détour.

Frédégonde, que sa beauté fit sortir de l'obscurité où elle aurait dû rester, devint femme de compagnie d'Audovère, épouse de Chilpéric Ier ; gonflée d'ambition et devinant ce que sa beauté pourrait produire sur un roi barbare, efféminé, elle vécut dans l'espoir d'arriver jusqu'au trône ; pour réaliser son rêve elle fit assassiner Audovère et fit étrangler Galswinthe, seconde femme du roi. Ces deux crimes perpétrés de sang-froid, avec l'aide d'un serviteur dévoué, Frédégonde se vit libre pour épouser Chilpéric qu'elle fit poignarder à son tour afin de gouverner seule la Neustrie.

Cette usurpatrice n'avait que l'amour de la domination ; incapable d'aimer, elle avait le cœur d'une louve inassouvie de sang et de luxure.

Marguerite de Bourgogne, mise tardivement à mort pour adultère par son mari, Louis X, fut une reine dépravée et criminelle, que la *Tour de Nesle* a rendu sinistrement célèbre ; sans amour, elle avait une âme abominablement dégradée, avec des sens supérieurement pervertis ; tigresse insatiable de victimes elle s'entourait de précautions mystérieuses en faisant passer aux amants de son choix le mot ou le signe qui devaient les perdre ; ses rendez-vous et ses baisers étaient ceux d'une mort perfide résultant de l'abandon dans les bras de l'espérance et du désir provoqué. Jalouse de sensations étranges qu'elle voulait seule éprouver, jalouse surtout des plaisirs et de l'amour qu'elle provoquait, Marguerite, pour assurer le secret de ses trahisons conjugales, voulait que le premier baiser reçu fut le dernier donné ; sa chair voluptueusement abandonnée ne frémissait de plaisir qu'en percevant la chute de l'amant frappé d'un coup de poignard au cœur ou étranglé.

Lucrèce Borgia, dont la beauté et les crimes ont fait la triste renommée, sera la dernière figure historique présentée, celles que l'on pourrait dépeindre n'étant que de pâles étoiles comparées à celles de première grandeur dans le ciel de la dépravation. Il semble inconcevable que la nature, dans ces modèles si remarquables par la beauté, ait uni des âmes aussi viles à des corps si parfaits ; ce contraste est pourtant si commun que le contraire est l'exception ; la nature s'est même plu à cacher les plus grands défauts et les plus grands vices sous le masque de la beauté, car ce sont les fleurs et les fruits les plus beaux qui recèlent les poisons les plus subtiles ; parmi les animaux les plus beaux sont encore les plus dangereux et les plus féroces ; mais l'homme s'occupant trop des surfaces ne s'occupe pas assez de ce qu'elles recouvrent et pour peu qu'il s'attache aux seules apparences il ne tardera pas d'être, le premier, victime d'une séduction malencontreuse ; chaque jour en fournit des preuves saisissantes qui ne servent pas même de leçons à ceux qui, prévenus par des exemples tragiques, s'imaginent affronter sans danger les caprices ou les exigences d'une beauté prétentieuse ; en vérité ce serait un paradoxe absurde de croire toutes les jolies femmes bonnes à donner aux chiens. Il ne faut être ni trop pessimiste ni trop optimiste, mais savoir fixer une limite entre les extrêmes, ce qui n'empêche qu'une jolie femme ressemble souvent à une muraille que l'on blanchit pour en masquer les défauts, grâce à la mauvaise habitude d'engendrer l'ambition des enfants qui se développe avantageusement. Une jeune fille, à force d'entendre dire : qu'elle est belle, finit par le croire et s'aidant du miroir elle s'éprend de sa propre image, se croit une merveille ; l'orgueil et la prétention s'en mêlant, elle marchera à grands pas à sa perdition et ce ne sera pas de sa seule faute, car on aurait dû, au lieu de flatter sa vanité, lui faire entrevoir combien est éphémère la beauté qui dure ce que dure un printemps.

La femme la plus jolie devrait se souvenir

que les traits qui font palpiter les cœurs et tourner tant de têtes, ne cachent qu'un squelette hideux qui, déparé de son masque, dit à tous : j'ai été ce que vous êtes et vous serez ce que je suis. — Si l'on ne pensait qu'à de si vilaines choses, diront les belles mondaines, on n'éprouverait jamais de plaisir, ce qui est vrai. Pourtant il vaut mieux s'attacher aux qualités de l'âme et aux cœurs généreux qu'à la beauté trompeuse qui gâte souvent tout ce qu'elle approche.

Lucrèce Borgia, pantère lascive toujours altérée de sang, ne vivait que pour faire des cadavres, mais avec elle le spectacle varie ; au poignard elle ajoutait le poison.

Fille du pape, l'infâme Alexandre VI qui la débaucha abominablement, elle eut de lui un enfant et fut encore incestueuse avec son frère César que ses crimes ont fait un monstre historique. Lucrèce poussa le raffinement du crime jusqu'à la dernière délicatesse ; lorsqu'elle avait convié au banquet de la mort, princes, seigneurs, chevaliers auxquels elle faisait verser du poison dans des coupes d'or, elle faisait chanter, au dessert, les vêpres des morts par des moines couverts de la noire cagoule, un cierge allumé à la main, debouts devant les cercueils vides, aussi nombreux qu'il y avait de victimes averties par elle, tout naturellement, de cette façon : « Mes seigneurs recommandez vos âmes à Dieu, vous allez bientôt mourir ! » Les pauvres diables, grisés par les vins empoisonnés, étant désarmés, ne pouvaient se défendre. La fille d'un pape ne pouvait agir plus sagement. Si Lucrèce eût été païenne, elle aurait pu faire chanter les nénies après avoir fait boire la ciguë et dire à ses malheureux convives : Votre destin est entre les mains des dieux, préparez-vous à souper cette nuit chez Pluton. Aucune femme dans l'antique paganisme n'a eu l'âme plus abjecte ni plus cruelle.

Ces types saisissants, que l'histoire a marqués du sceau de l'infamie, sont si affreux que rien de plus féroce et de plus lâche ne peut leur être comparé et il est souhaitable qu'ils ne servent jamais plus d'exemples. Quittons-les sans regret pour étudier la vie plus commune de gens sans honteuse noblesse, et dont les malheurs sont dus à des actes sinon irréfléchis, du moins assez peu raisonnés pour valoir de la pitié, étant à plaindre d'avoir été jetés dans le sentier des erreurs et des excès qui éloignent de la paix et du bonheur.

*
* *

Que de personnes passent fières, hautaines, le mépris dans le regard et sur les lèvres, ne parlant librement qu'à de plus élevées qu'elles sur la sphère sociale ; communes et pas assez connues pour ce qu'elles valent, elles oublient que dans la décomposition, ce champ de l'égalité, tout y passe, nobles et gueux et que le cadavre de l'un ne sent pas meilleur que celui de l'autre. Ils sont également horribles. Heureux décret de la Nature qui ne permet à personne de dire : *Je suis plus que toi !* Le sot orgueil ne fait que plus ressortir la fatuité de ceux qui le manifestent. La noblesse est dans la grandeur de l'âme, le respect de soi-même et le respect d'autrui si bas placé soit-il dans l'organisation sociale ; car, sous l'habit du malheureux, un cœur d'or peut battre, tandis que l'habit du riche peut couvrir une âme profondément dégradée. . . . .

Voyez ce noble ou ce roturier parvenu, cinq, dix ou vingt fois millionnaire, on lui témoigne le respect qu'impose la puissance incalculable de l'or, on envie son sort en disant : voilà un homme heureux ! Rien n'est plus faux ; si vous pouviez pénétrer dans son intérieur, vous en sortiriez avec l'étonnement ou la douleur d'avoir vu un riche plus malheureux que vous et vous auriez la certitude que l'argent seul est incapable de procurer le bien-être.

Voici un millionnaire jeune qui s'éprend d'une chanteuse que des intrigues ont fait tomber dans la prostitution clandestine si dangereuse à l'humanité. Quand on s'est livré à un amant qui permet de puiser à pleine main dans son porte-monnaie, le premier pas fatal est fait ; cet abandon passif, prélude de chutes dégradantes, est le couronnement de l'inconduite habituelle. Notre millionnaire épouse cette fille perdue et la réhabilite aux yeux du monde en se déshonorant lui-même ; un caprice passionnel lui a fait commettre la faute de récompenser le vice ; cette mésalliance qui résulte d'un coup de tête sera troublée par des orages violents quand elle n'aura pas pour épilogue un divorce ou un drame. Cela n'est point de l'amour ; l'amour ne se vautre pas dans la fange ; il fuit l'impur ; ces unions, spéculatives d'un côté et momentanément passionnées de l'autre, ne font que provoquer de justes critiques. Blâmer l'immoralité couverte d'un blason, d'une robe de soie ou d'hermine est un droit qui appartient à tout le monde.

Voyez cet autre millionnaire qui recherche des prostituées de bas étage, il est cependant marié à une blonde assez jolie quoique fade, mais les cadeaux qu'il fait à ses nombreuses maîtresses ne sont pas assez discrets pour que l'épouse les ignore ; elle boit l'outrage à pleine coupe sans qu'il en résulte un scandale qui n'étonnerait personne ; elle concentre peut-être son chagrin. On a un fils unique, joie du père indigne, consolation de la mère affligée, mais la liberté donnée à ce garçon doit le perdre, car il a le tempérament de son père ; Eros est son dominateur ; il s'épuise trop tôt à la course mortelle des plaisirs ; il devient fou. Le mal dont on sait la cause n'est plus réparable, les ténèbres ne se dissiperont plus de cet esprit fermé à la raison. Le père meurt plus vieilli par la débauche que par l'âge ; un semblant de regret l'accompagne au séjour des ombres et, selon son désir, son cœur restera là, sous la voûte glacée qui fut souvent témoin de ses parjures. Le fils ne peut comprendre la séparation ; son âme est privée de lumière ; la folie, avec ses accès de fureur, de cris, de rires et d'accalmie, continue son œuvre en semant la crainte et la désolation. Un jour, ce garçon, à table, mange une salade de ciguë ; il meurt ; un médecin ami constate le décès, le déclare accidentellement fâcheux, sans être pour cela moins consolant et c'est tout. Le drame est fini. Pauvre fou !

Dans les classes moyennes, bourgeoises et ouvrières, les passions sans être moins ardentes y sont plus rarement aussi lâches ; on s'y fourvoye par entraînement, par irréflexion, par engoûment, on s'entiche du faux sans voir le réel. Le bal est leur bourse matrimoniale où des mères embarrassées étalent leurs précieuses marchandises, où les mariages se concluent après une valse ou une polka ; c'est là qu'on remarque la galanterie discrète d'un avocat, d'un médecin, d'un pharmacien où d'un notaire, qu'on admire les grâces à demi masquées d'une blonde ou d'une brune : Mlle X... est charmante, jolie brune, beauté du diable, malgré ses vingt-huit ans ; de ses yeux, d'un éclat particulièrement vif, sortent des éclairs et je ne sais quoi qui ne permettent pas de définir sa nature encline à la perfidie, à l'entêtement, au... tout ce que vous voudrez ; mais ces diables de grands yeux noirs de gazelle, presque humides de candeur, sous un front blanc encadré d'une chevelure d'ébène, ont fasciné un jeune homme de bonne famille, ayant contracté des dettes durant ses études. Le feu est à la mèche, le vaisseau va bientôt sauter. A brûle-pourpoint le beau jeune homme fait sa déclaration, sincèrement amoureuse, et la gazelle, qui s'y attendait un peu, rougit de plaisir pour faire croire à de la pudeur quoiqu'elle ait déjà badiné avec Cupidon ; sans avoir été mortellement blessée elle a pourtant reçu plusieurs piqûres... ce qui ne regarde personne, elle le sait, lui l'ignore, et un avocat en herbe en sait long. Après le bal, on sort, ne faut-il pas se connaître un peu ! Le mariage secrètement conclu, on le sanctifie naturellement pour signer le pacte du cœur, car l'un aime follement ce qu'il croit digne de lui, tandis qu'elle l'aime comme elle en aimerait un autre, ce qui se comprend ; elle est sans fortune ; mais avec une bonne pâte d'homme qui a une belle situation en perspective on peut aller de l'avant ; on se montrera une vraie femme du monde, vivant pour soi, sans souci du pauvre diable très nerveux qui semble vouloir tout briser, sans rien casser et sans rien voir du tout. Tu as voulu une jolie femme, mon ami, il faudra la satisfaire ! Au lieu d'économiser, de seconder ce paria, esclave de l'amour, on le pousse, par des dépenses et un entretien exagéré, à une ruine presque certaine ; la conclusion à tirer est que cette femme n'a pas d'amour. Quand on aime un homme on le seconde, on ne l'expose pas à choir dans l'inconsidération ou le ridicule ; en un mot, on le relève, on ne le ruine pas.

Et cet homme, si à plaindre malgré le bien-être et les apparences du bonheur ! Il écouta, lui aussi, la voix de la nature en associant une femme à sa vie. C'est un nerveux, flexible et tolérant ; sa compagne l'a compris, elle a vu tout le parti que son autorité pourrait en tirer. Le mari aime la paix de l'intérieur avec un confortable non trompeur ; on respire l'honnête aisance dans ce nid fait pour le bonheur d'un couple bien assorti. Quelle erreur ! C'est un enfant qui manque pour jeter un rayon de gaieté et corriger la monotonie d'une vie trop à deux ; l'homme comprend ce vide, mais il a une dose suffisante de philosophie pour accepter les arrêts du sort et il vit comme un ermite, penché sur son bureau, tandis que l'épouse, qu'un devoir intime devrait retenir près de celui dont elle accepta de partager l'existence, fuit le toit conjugal, se plaisant mieux partout que chez elle ; là encore le bonheur et l'amour sont passés devant la porte, sans daigner entrer.

Quant à cet homme, bon enfant, presque replet, qui se promène en voiture, il faut revenir trente ans en arrière pour le voir pauvre, à la recherche du travail pouvant lui assurer la pitance quotidienne. Par une décision capricieuse du destin, il tapa dans l'œil d'une belle fille, dont le père avait une fortune mal acquise ; mais pour se mettre les pieds au chaud on n'y regarde pas de si près, et la misère consent assez facilement à se faire l'esclave de la richesse. Le mariage se fit sous le régime de la séparation de biens, malgré la famille qui trouvait scandaleux qu'une fille riche par le vol se donnât à un ouvrier pauvre, honnête. Pendant quelque temps, l'esclave, comprenant son déplacement social, se plie à toutes les exigences ; s'il veut hasarder un ordre ou un conseil, on lui fait sentir qu'il est un intrus et chaque fois qu'il tente de secouer le joug de sa dépendance, il essuie un affront d'autant plus sanglant qu'il est infligé par une épouse fière jusqu'à l'insolence. L'amour fut entre eux un simple caprice, ce qui prouve que maître Argent engendre plus souvent la discorde qu'il n'ouvre les portes à l'amitié.

Plaignez encore cet homme dont le facies agréable a fait tourner plus d'une tête volage ; occupant une situation enviée, il se jeta dans des aventures galantes qui le discréditèrent ; on sait bien qu'avec la mobilité du papillon, il est difficile d'aimer. Tout en voulant s'élever, il tentera d'éviter un scandale en prenant une femme selon son rêve, jolie, agréable et riche. Pour trouver cet oiseau qui ne soit ni bécasse ni dinde, il s'adressa à l'un de ces journaux qui font le marché au mariage : Qui veut d'une jolie brune, riche, grand avenir ? — Qui désire une orpheline, un million ? Petite tache de famille !

A cette loterie matrimoniale, on n'offre généralement que des juments de retour, des sujets plus ou moins tarés, dont le meilleur lot ne vaut pas grand chose, la moindre tache étant un petit vol ou une petite escroquerie ; la plus insignifiante, une maternité précoce, ne rentre pas en compte, il y a bien de quoi de ça !

— Alors, vous vous mariez ?

— Mais, oui, n'est-ce pas naturel ?

— Vous êtes allé bien loin chercher votre fiancée !

— C'est une circonstance, des amis, des parents, une rencontre qui m'ont valu de demander et d'obtenir la main de mademoiselle Y... ; c'est même une veine, elle sort du couvent !

— Ça ne prouve rien, on y met bien des enfants de filles de joie !

Mademoiselle Y... était de très bonne famille, mais elle avait deux défauts, l'un désagréablement visible, l'autre plus grave mais caché ; sa beauté était loin d'être remarquable, aussi agréa-t-elle son chevalier malgré les objurgations de sa famille qui ne voyait pas d'un bon œil un aspirant dont la conduite n'était pas à l'abri de tout reproche.

— Baste ! disait la jeune fille, c'est un bon

garçon, il n'a eu que des petits péchés de jeunesse. Je l'aime, je le veux et je l'aurai. Il faut bien qu'il m'aime ; il n'est tout de même pas exigeant ; pensez donc qu'avec ma petite infirmité, je ne lui apporte que trente mille francs !

Le sacrifice s'accomplit selon le désir des intéressés et trois mois durant le baromètre se maintint au beau fixe ; on s'accordait des concessions mutuelles. Un jour, pourtant, la dame fit observer à son époux son peu d'assiduité et de galanterie.

— Que veux-tu, ma chère amie, les clients, les affaires obligent à beaucoup de sacrifices !

— Oui, mon chéri, je te comprends bien, mais tu pourrais t'arranger pour rentrer plus tôt, le soir, au lieu de laisser seule ta petite poulette.

Après six mois, les cartes sont brouillées, les esprits tendus, aigris ; on ne prend plus de précautions, les voisins assistent, derrière les portes, aux scènes du ménage que le hasard avait malencontreusement formé ; ils écoutaient, en riant, les injures qu'on se crachait à pleine bouche :

— Monsieur, vous ne vous respectez plus, vous prenez votre femme pour un zéro en chiffre ; vous aimez mieux Mme X... ; vous ne pensez qu'à vous amuser et à boire ; vous perdez les derniers points d'estime que vous aviez encore ; voilà ce qu'on gagne à fréquenter de mauvaises compagnies.

— Ma chère, vous êtes folle, vous criez pour que tout le monde vous entende ; heureusement, l'on vous connaît.

— C'est vous que l'on connaît partout, découcheur, coureur, ivrogne !

— Moi, ivrogne? qui peut boire un tonneau sans m'en ressentir ! Sachez, madame, que personne ne m'a jamais vu saoul ; ce n'est pas comme vous qui buvez comme un trou et ne savez ce que vous dites ni ce que vous faites.

— On ne vous voit pas saoul parce que vous êtes toujours entre deux vins ; l'autre soir quand vous êtes rentré, vous êtiez plein comme une soupe ; la preuve, c'est que vous avez eu la lâcheté de me frapper.

— C'est vous qui aviez commencé. Vous en avez tant dit, que vous avez mis toute la maison sans dessus dessous.

Cette union présenta pendant quelques années des alternatives de vent, de pluie, d'orage et de grêle, puis, chacun voulant reprendre ses droits, on feignit une séparation pour revenir ensemble et mener une vie de Polichinel.

Bacchus n'est point ennemi d'Amour, mais quand on sait les graves sottises qu'il fait commettre, on reconnaît le besoin de le surveiller de près, surtout quand le hasard se mêle de faire le malheur de ceux qui lui confient leur destinée.

Jugez-en par cet homme probre, sérieux, intelligent et estimé que ses connaissances pouvaient conduire à la possession de biens désirables. Un soir, se promenant, il voit devant lui une frimousse provocante qui, étendant les bras en croix, lui dit avec une grâce qui le fascina : On ne passe pas ! Cette rencontre fatale, par un incident insignifiant, devait causer son malheur. Cette pause, ce geste, cette injonction jettent le trouble dans son être ; il éprouve une sensation étrange si nouvelle qu'il s'amourache de la galante provocatrice qu'il aime sincèrement. Il y a de ces erreurs et de ces folies inexplicables. Il l'entraîne, veut la régénérer, mais une femme perverse, qui n'a connu que la débauche et les moyens inavouables qui la développent, est incapable d'aimer ; la passion n'est pour elle qu'un prétexte à se produire telle qu'elle veut être ; passion fictive qui donne à ceux qui la recherche l'illusion d'un état, faux comme tout le reste. Ces femmes de boue ne vivent que pour le ventre et la toilette ; on leur donnerait des millions qu'elles tromperaient, sans scrupules, les plus généreux donateurs ; le besoin qui les domine est de changer d'entreteneur et cela existera tant que l'homme et la femme, ayant pour tout amour la cupidité, ne s'uniront que pour vivre aux dépens de l'un ou de l'autre.

Le pauvre diable, jaloux de sa triste compagne, tomba dans un énervement qui frisa la démence et dame, quand on aime à ce point l'être même le moins digne, on peut s'attendre aux détentes extrêmes de ces cerveaux malades. Sa situation compromise, sa réputation attaquée, son amitié violée, il tua l'infidèle puis voulant se faire justice il ne réussit qu'à se blesser affreusement. Remis de sa blessure, la société, ne trouvant pas qu'il avait assez souffert, lui demanda compte de son acte dicté par une résolution de folie amoureuse. Tout calculé et tout pesé dans les plateaux de la justice, on l'acquitta pour qu'il réfléchit encore sur les dérisions amères de la vie et qu'il goutât sans repos toutes les peines du cœur. Amour, amour, pourquoi te jouer ainsi de la destinée de ceux qui ont un cœur pour sentir et pour aimer ?

La cause déviante la plus commune des devoirs conjugaux est l'inconstance. On dit qu'en amour *les vieux sont plus fous que les jeunes*, ce qui est vrai ; mais si les intentions des premiers sont excellentes il n'en est pas de même de leurs aptitudes ; il est donc sage de leur conseiller la prudence pour qu'ils ne s'exposent point à des déboires qu'ils auront voulus. Les personnes qui se marient avec une différence de 15, 20, 30 ans sont folles. En règle générale, une femme ne devrait jamais épouser un homme plus jeune qu'elle, car elle perd plus rapidement les charmes qui la font désirer ; à moins de cas de force majeure on ne devrait jamais unir des jeunes gens au-dessous de vingt ans parce que la jeunesse vit d'illusions et d'emballement et c'est quand elle a fait une bêtise qu'elle dit, mais trop tard : si j'avais su ! Il fallait réfléchir, suivre les conseils de plus expérimentés pour ne pas gémir sur ce proverbe qui, en la circonstance, est surtout vrai : *Si jeunesse savait et si vieillesse pouvait !*

On comprend qu'un vieillard qui s'attache une jeunesse affriolante pour la montrer, imprudent, comme un article de parade, soulevant autour de soi de riantes moqueries, soit trompé ; cela semble tellement naturel que le contraire paraîtrait invraisemblable ; on ne renverse pas, sans dommages, des lois naturelles en réunissant par le ridicule deux êtres, l'un éteint, l'autre en plein désir sous l'action de forces naissantes ; mais la trahison ne s'explique plus entre un jeune couple, mélange de vigueur fait pour goûter le véritable bonheur dans les douces étreintes d'un amour partagé.

Je vois un homme jeune dont la femme, plus jeune encore, d'une fraîcheur exquise, resplendit sous ses cheveux blonds ; son corps souple et délicat, dans l'harmonie de ses formes dont Cérès eût été jalouse, dégage les effluves *sui generis* enivrants de la femme désirable dans ses poses de volupté décente. L'épanchement de son âme doit être une délection pour l'unique maître qu'elle a choisi ; hélas ! la curiosité, le désir vont ébranler l'échafaudage élevé sur le plus beau rêve d'avenir ! Cette jeune femme est souvent séparée de son mari qui use ses fonds de culottesur des ronds de cuir ; il a un jeune ami, bel adolescent, blond de 17 ans, dont l'âme candide ignore la source où se puise la souillure ; il a vécu de rêves, d'illusions enchanteresses sans deviner le but divin de la Nature ; ce secret dont l'apprentissage n'est pénible pour personne, c'est la femme de son ami qui va le lui découvrir et quand cet enfant vierge aura bu à la coupe du plaisir il éprouvera le vertige que donne une sensation insoupçonnée ; obsédé par le désir impatient de s'abandonner à de nouvelles ivresses, il perdra toute réserve, la prudence ne cachera même pas la faute de l une ni l'inexpérience de l'autre, si bien qu'un ami pressé d'apprendre son malheur au pauvre époux, le met au courant de l'intrigue dont il veut douter ; la jalousie a mordu son âme blessée sans remède ; il se promet de veiller ; il veille si bien qu'il surprend les deux coupables et veut corriger l'enfant qu'éclaira sa compagne ; le jeune imprudent, mis sur ses gardes par l'infidèle qui ne redoute plus rien, fait feu sur l'ami outragé sans lui faire de mal et le voilà dans le pétrin pour complicité d'adultère et tentative d'assassinat.

Le mari trouvait drôle de recevoir une prune sous le nez, quand c'était déjà presque trop d'être cocularisé sans l'avoir mérité. Le jeune amoureux ne fut pas trop puni, on tint compte de son jeune âge et de l'entraînement dont il avait été victime. C'est égal, une telle incartade doit être dure à digérer. Curiosité et inconstance ont guidé cette fois Amour pour briser deux cœurs, sans punir le troisième.

Il ne faut pas être étonné si des hommes,

pour se venger de la femme, se font une spécialité de la tuer ; il est vrai qu'elle aurait souvent le même droit, mais elle ne doit pas oublier que sa responsabilité est beaucoup plus grande, de même que sa faute, car elle peut semer des fruits d'une relation étrangère, d'où la gravité de son parjure, lorsqu'elle est mariée, *le pavillon couvrant la marchandise.*

Beaucoup de gens recourent aux agences matrimoniales, préférant ce moyen original pour choisir ce qui plaît à leurs yeux ; on fait comme dans un magasin où l'on examine des articles pour en comparer la qualité, mais en mariage il y a les qualités morales qui ne doivent pas échapper aux esprits clairvoyants. On a vu, par un exemple, le résultat ordinaire de ces sortes d'unions et l'on n'a pas oublié un retentissant procès qui prouve ce que l'on peut attendre de ces spéculations. Combien d'exemples on en pourrait citer ! Cette spéculation n'est pas la seule qui attache à un poteau d'infamie ou de honte les victimes qui s'y sont laissées prendre ; il y a aussi des concessions déshonorantes, que l'on appelle des actes de dévouement ou de courage qui ne servent que de pèlerine au vice, tel est, sous couleur d'amour, ce contrat tout à fait *schoking* : Un homme, à la tête d'un commerce prospère, employait une jeune fille au frais minois qui s'initia aux mystères de ce Paris plein de parfums et d'ordures ; la belle amoureuse, un tantinet névrosée, fut l'objet d'assiduités de la part du maître, d'où il résulta un accident qui demanda neuf mois pour se dissiper. La situation de cette fille, qui se développait avec des charmes tentateurs, étant fausse, on prit de telles mesures qu'elle resta maîtresse en titre ; quelques années se passèrent ainsi ; enfin, un matin, ce patron généreux, peut-être fatigué, proposa à un employé fidèle *et intelligent*, de lui céder son commerce à la condition de s'unir en justes noces à la pauvre fille dont il élèverait l'enfant comme sien. Ce marché, trouvé avantageux fut accepté, et, si le nouveau ménage ne fut pas toujours heureux, il n'en passa pas moins aux yeux du monde, qui ne voit souvent que d'un œil, pour un modèle à suivre, ce que je n'engagerai personne de faire ;

car tout paraît désirable sous cette apparence de bien-être où la misère morale ronge comme un chancre.

En voyant ces échanges de faveurs qui n'apprennent rien de nouveau, à moins de tomber sur un tempérament tout différent, on a l'idée de la vie animale sous le cachet de la polygamie clandestine où les plus rusées coquines paraissent les plus saintes nitouches.

Ecoutez, me dit un jour, quelqu'un, l'histoire d'un ami : C'était un beau garçon, confiant, grand cœur ; il va dans un café, bavarde, compte tant de faits divers qu'une brune s'enflamme pour notre célibataire qui avait de bons sentiments et de non moins bonnes intentions ; il est ravi de voir les yeux noirs de cette brune braqués sur lui ; on se parle ; on se confie ses petites misères ; la jeune fille qui fit plus d'un faux pas voudrait un chez soi avec un petit homme qu'elle aimerait de tout son cœur ; ça doit être si bon la vie tranquille à deux ! « J'ai quelques économies, dit-elle, à son nouvel ami, nous pourrions faire quelque chose. » On s'entend vite ; on se fréquente pour le bon motif ; enfin on se marie à la surprise des uns et sous la risée des autres. Les privilégiés ont bien le droit de rire de cette situation qui s'arrange au profit de tous !

Le ménage marche comme sur des roulettes et on a des enfants que l'on adore ; le commerce prospère si bien que le mari, devenu ambitieux, dépense sans compter ; quand on gagne de l'argent il faut être large ; il est porté aux libéralités par tempérament ; par contre l'épouse, bonne femme, est bonne mère ; elle a la lèvre inférieure mince, signe caractéristique de l'avarice, comme cette lèvre et la gorge très développées le sont de la sensualité ; elle empêche son mari de recevoir chez lui des amis, de sorte que pour prévenir des discussions qui aigrissent les caractères, il les invite au café, au restaurant, où il dépense 15, 20, 30 francs.

Quel bon garçon ! On l'invite et chaque fois il rend la politesse en expliquant son regret de ne pouvoir recevoir chez lui : « Vous comprenez, je n'ai pas une femme comme les autres, elle est avare ». Et, avec une délicatesse qui honore son tact, il dit à la maîtresse du logis : « Ah ! si j'avais une femme comme vous, je serais trop heureux ! » Cette femme, qu'il a tiré de la misère, peut-être de la prostitution, il oublie, en la dépeignant sous son véritable jour, qu'elle est la mère de ses enfants. Les mauvais calculs de l'une et les fautes de l'autre préparent la débâcle qui marche à grand train ; demain ce sera la gêne ; plus la tâche devient lourde, plus l'épouse s'épuise en voulant paralyser la crise imminente qui menace la famille ; la maladie, auxiliaire redoutable, frappe cette mère mourant à la peine, l'âme navrée de laisser à la merci du hasard des êtres qu'elle a tant chéris ; voilà le mari seul pour élever, soigner ces enfants qui ne comprennent pas leur malheur ni ce que l'avenir leur réserve ; la joie a quitté la demeure ; les privations succèderont aux privations ; le père devra compter sou par sou pour assurer la pitance à ce jeune monde dont le ventre ne souffre pas longtemps de la faim ; obligé de travailler dehors il lui faut une étrangère qui ne ménagera rien, tant on se soucie peu, ordinairement, de ce qui ne nous appartient pas. Une compagne est encore préférable ; on est bel homme et n'étant pas difficile on tombe sur une femme qui a des qualités apparentes sans en avoir aucune ; elle a un peu d'argent et quelques meubles mais elle a les stigmates d'un mal honteux ; peu importe, on se remarie pour apprécier bientôt les qualités de la première épouse : Ah ! ma pauvre chère femme, si elle était là ! Des jours et des nuits se succèdent dans le regret du passé, le présent préludant d'un avenir plus fâcheux.

La nouvelle marâtre n'a point d'amour ; elle gaspille ou garde ce qu'elle gagne tout en se livrant, quoique hideuse, à de vieux érotomanes ; sa conduite n'est pas même ignorée de son mari qui tolère ce triste modèle de corruption. Les enfants en ont déjà trop vu, trop compris, enfin le divorce détruit tardivement ce faux mariage. Malgré tout il faudra souffrir jusqu'à ce que la ruche, assez forte pour se soutenir seule, pourra lutter avec succès sans craindre les morsures de l'adversité ; ce temps est encore loin ; heureusement, le courage ranime les cœurs, l'espérance les fait vivre et l'amour de la famille est assez grand pour résister aux orages de la vie qui se sont apaisés avec la disparition de la mégère ; maintenant les enfants sont grands, ils travaillent avec ardeur sous l'œil bienveillant du père qui les aima toujours et dont la faiblesse seule retarda le bonheur.

Il y a des hommes plus méprisables qu'à plaindre, tel est le cas de ce mari, père de deux enfants, dont la femme a un tempérament luxurieux ; trompé l'importe peu, pourvu qu'il ait le confortable il ne s'occupe point de la source : « Quand j'ai du champagne et une bonne table, dit-il, je me moque du reste ! » Sa femme le sait, aussi fait-elle de son corps un commerce fructueux qu'elle trouve agréable ; à l'atelier un contre-maître lui glisse dans la main une pièce de 10 francs qui tombe, cette chute a été remarquée, on en a saisi le mystère, on en rit, on jase ; l'histoire court les rues, elle est connue à dix lieues à la ronde et le mari trompé n'en est pas ému, le coupable seul reçoit de sa jalouse compagne des reproches mérités ; il a demandé pardon, se repentant *in petto*, d'avoir été si maladroit. La femme adultère qui poussa l'audace à faire demander pardon par son mari à un moribond de ses amis, de lui en avoir voulu pour l'avoir trompé, était incapable du moindre repentir ; il est vrai que quand on a un pareil cornichon d'époux on peut se permettre toutes les libertés. Un homme qui a la complaisante lâcheté de confier à d'autres l'éducation amoureuse de sa femme est un être vil qui ne mérite aucun nom propre.

Voici un digne homme, sérieux, gagnant 15 francs par jour ; il a pris une femme nerveuse, beaucoup trop évaporée ; estimé de tous ceux qui le connaissent, cette estime se reflète sur l'épouse, coquette à l'excès, ne rêvant que le crépissage ; elle cache son jeu, attire chez elle des amis qui sont *les meilleurs* de son mari ; les invitations et les parties de plaisir se succèdent ; on fait de fréquentes absences chez la couturière ou chez les fournisseurs : ne faut-il pas de bons prétextes pour cacher ses perfidies ? On est d'autant plus à l'aise qu'on n'a pas d'enfant ; tandis que le mari travaille, l'infidèle donne des coups de canif dans le contrat, sans compter ; elle rehausse ses charmes agréables par une toilette recherchée ; fixant un prix à chaque faveur, elle peut se couvrir de riches étoffes et de parures dont le mari ne payera qu'une faible partie, ce qui ne l'indispose qu'à moitié contre les goûts excentriques de la volage :

— Demain soir, mon ami, nous aurons à souper la famille Zède et ton ami Isaac.

— C'est bien.

Ce jour-là, une visiteuse se présente et remarque, par l'entrebaillement de la porte, à dix mètres de son mari pensif, dans une chambre où il est retenu par une grave indisposition, un ami glisser dans la main de l'infidèle un billet de 50 francs, en demandant : « Est-ce assez ? »

— Oui, fut la réponse, faite si bas qu'elle fut plutôt devinée qu'entendue.

Il n'y a pas de femme plus intrigante ni plus dangereuse que ce type-là.

Le mari se doutant de son malheur, surveilla et se fit aider par ceux-mêmes qui le trompaient. Pauvre homme, torturé au physique et au moral. Ah ! ce doute qui le tourmente, qu'elle affreuse vie !

Cette femme en rencontre-t-elle une autre qui lui plaise, elle tâche de l'engluer de son amitié, elle tâte le terrain pour disposer ses batteries et s'en saisir comme un poulpe, de ses tentacules, se saisit d'une proie ; plus elle pourra corrompre de compagnes, plus elle sera contente, car le vice aime le vice et le recherche : « Venez donc avec moi au théâtre », disait-elle, à une honnête mere de famille qui, ne comprenant pas le mobile, lui répondit : « Pour aller au théâtre il faut une toilette que je n'ai pas. »

— Ne vous en occupez pas ; je connais un M. qui sera heureux de vous en offrir une magnifique. Je vous conduirai chez ma couturière, la plus habile de X...

— Quelle idée ! Pourquoi un M. m'offrirait-il un costume de soirée ?

— Que vous êtes naïve ! On s'amusera bien, allez ! Après le théâtre on aura un bon souper arrosé de champagne et vous aurez tout l'argent que vous voudrez. Croyez-moi, il ne faut aimer les hommes que tout juste pour le bien qu'ils nous procurent.

— Je ne voudrais point aller au théâtre sans mon mari.

— Nos maris resteront à la maison ; ils n'ont pas besoin de tout savoir. Nous disent-ils tout ce qu'ils font ? Ma chère, ils sont tous les mêmes. Allons, décidez-vous ! Mais elle sollicita en vain cette mère qui ne tomba pas dans le piège.

Le mari de la solliciteuse, atteint d'une maladie qui ne cesse qu'avec la vie, eut des suffocations qui nécessitèrent des soins de tous les instants et comme cette femme vivait pour le monde autant que pour elle, elle feignit de sacrifier sa liberté pour se montrer digne d'une *sœur de charité*, profitant de ses rares moments de loisir pour les passer dans les bras de ses amants.

Ce malade énervait la coupable envers laquelle il fut trop bon ; elle le sait perdu et le voudrait déjà mort ; dans sa rage à ne pouvoir assouvir librement ses instincts libidineux elle disait : « Ah ! si je pouvais lui arracher le cœur avec la vie, il ne souffrirait plus ! » Cette exclamation d'une âme infernale expirait sur ses lèvres qui murmuraient aussitôt au moribond : « Va, mon chéri, tu seras bientôt guéri. » Horrible mensonge qui signifiait : ta mort sera mon bonheur et ma liberté !

Le malheureux mourut le lendemain. L'amour fatal d'une infâme avait trompé et brisé un grand cœur.

*
* *

Si la société n'était composée que de types aux mœurs dissolues comme ceux dont il a été parlé, ce serait à désespérer d'enseigner la morale puisque ses rares pratiquants n'auraient pas besoin d'enseignements pour régler leur conduite. La tache est aussi étendue parce que partout on recherche un plaisir fugace plutôt que l'accomplissement d'un devoir dicté par la conscience ; tant de fautes et de malheurs, on ne saurait trop le répéter, sont inscrits au grand livre de l'humanité par une fausse éducation et la négligence de ne pas mouler les caractères naissants sur les principes de la bonne foi, sur la stricte observance des droits et des devoirs, oubliant de développer les facultés non seulement pour l'utilité personnelle, mais pour celle de son semblable. Quand on aura banni des cœurs l'orgueil qui pousse à dominer arbitrairement ; quand on aura détruit la vanité greffée sur une fausse considération ; quand on aura étranglé l'égoïsme qui rend l'homme ingrat ; quand on aura calmé la fièvre ambitieuse, cette grande corruptrice, les portes seront ouvertes à la raison, à la justice et à l'amour. Si ce plan, aussi facile à suivre qu'à tracer, rencontrait des incrédules il prouverait l'inutilité de l'influence morale et philosophique et l'inanité de leur enseignement ce qui serait plus déplorable que les effets de causes nuisibles qu'il n'est jamais impossible d'atteindre ; si l'on devait croire à tant d'erreurs il faudrait placer l'humanité au-dessous des brutes les plus immondes, ce qui serait la dégrader au delà de toute expression.

On trouve, heureusement, des âmes magnanimes qui aiment le beau et le bien, se distinguant par leur générosité et leur amour social.

On peut dresser l'animal le plus vicieux et le soumettre aux caprices d'un homme faible et l'on s'avouerait incapable de guider la volonté de l'enfant qui manifeste de mauvais instincts ! Allons donc ! Quand on voudra surprendre les moindres actes de l'enfant, le blâmer quand il fait mal, l'encourager quand il fait bien, en tenant avec persistance son esprit éveillé sur tout ce qu'il doit penser, dire et faire, on aura des hommes, mais tant que les éducateurs l'oublieront et qu'ils ne serviront pas d'exemples à imiter, il ne faudra pas compter sur le progrès moral et la société victime de cette fausse direction devra excuser les fautes et les crimes atténués de ses membres mal éduqués.

A tout être qui se développe il faut, pour le conduire à bon port, une surveillance active, de bons conseils et de bons exemples ; il ne suffit que de vouloir, pour atteindre ce but désiré : *la régénération physique et morale de l'humanité ;* il faut y travailler.

Les sujets dépeints, plus ou moins tributaires d'Eros, suffisent pour reconnaître et classer tous ceux qui, fort nombreux, se trouvent dans l'un des cas cités ; en y ajoutant deux types anaphrodites, on pourra faire une étude comparative entre les sujets impressionnés par trop ou par manque de sensibilité.

L'anaphrodisme, beaucoup plus commun chez la femme que chez l'homme, est l'indifférence marquée pour un autre sexe ; il est remarquable par l'insensibilité des sens morts à la vue ou au contact du beau, du vif et du fort ; certains sujets piqués par de curieux désirs, voulant contrôler si leur insensibilité est due à l'ignorance ou à la maladresse, se jettent dans les bras d'un étranger qui leur fit espérer le réveil de leur chair morte et quand leur anesthésie sera confirmée, leur déception virera au dégoût, au point de s'éloigner de l'homme avec mépris. L'indifférence innée ne recherche jamais les caresses d'Amour. L'homme anaphrodite n'est point privé de sensations voluptueuses, il n'est qu'indifférent et froid près d'une femme tant jolie ou passionnée soit-elle ; chez lui le cœur ne vibre pas aux chants de l'amour et l'on doit prévoir ce qui peut arriver, lorsque la vertu et la raison ne guident pas les sentiments de ceux qui, très sensibles, s'unissent à de tels sujets. Les insensibles ne devraient se marier qu'avec des natures semblables ; car ici les contrastes seraient dangereux, caractères à part ; une union assortie sur des goûts mutuels d'indifférence ne serait que fraternelle, mais beaucoup plus morale et plus naturelle que *l'union mystique* de ces vierges folles et de ces moines dont les sens sont loin d'être sourds à la volupté ; mais revenons à nos moutons.

Dans ces portraits, pâles images de la réalité, je serais fâché de voir chacun chercher à s'y voir ou à y découvrir des amis, ce qui ne manquera point d'arriver. En pareil cas le silence est la règle du sage.

Voici une jeune fille qui vient de son premier bal où elle fut un peu gauche dans sa première toilette de fille à marier qu'on lance dans le monde ; assez belle femme, ni laide ni jolie, elle a l'œil langoureusement bête près d'un nez droit et charnu sur une face pleine surmontée de cheveux blonds ; sa physionomie a un cachet indéfinissable de préoccupante tristesse ; la recherche dans sa mise indique l'intention de produire de l'effet ; mais ce regard qui ne dit rien n'est pas dénué de prétention et peut tromper quelque naïf se croyant malin. Après deux ou trois danses il y a échange de politesses établies d'après une étiquette banale et l'on se quitte, le jeune homme sans idée fixe ; la jeune fille, grisée de son premier bal, se déclare enchantée d avoir fait la rencontre d un jeune homme bien élevé qui lui a fait mille gentillesses et qui l aime sûrement ; là-dessus on fait des projets d'avenir, en attendant que le galant valseur fasse sa demande en mariage.

Les jours et les mois se succédèrent sans l'avènement désiré ; cependant un charmant garçon, à la tête d'un commerce florissant, se présenta ; il fut agréé après trois jours de réflexions ; l'assiduité du prétendant, durant les fiançailles, fut digne d'un gentleman ; on se fit les compliments et les prévenances inscrits au répertoire de la galanterie honnête, sans prendre une liberté qu'eût réprouvée la bienséance ; un serrement de main, un baiser courtois clôturaient simplement chaque représentation, puis l on se quittait en faisant de beaux rêves d'où l'illusion était bannie.

— Eh bien, ma fille, l'aimes-tu bien?

— Mais, oui, il est si gentil !

— C'est un bon garçon, honnête, rangé, travailleur, économe, qualités rares aujourd'hui chez les hommes dont on fait pourtant tout ce que l'on veut quand on sait les prendre; il ne faut pas les contrarier lorsqu'ils veulent des choses raisonnables ni leur tenir tête s'ils n'ont pas tort. De ta façon d'agir dépendra ton bonheur, et la paix étant préférable à la guerre, vous vous ferez des concessions mutuelles sans vous permettre d'écarts qui deviendraient vite de mauvaises habitudes et, une fois contractées, il est difficile de reprendre son niveau. Vois Mme X..., M. Y... et Mlle Z... ; ils avaient tout pour acquérir le bonheur et sont passés à côté. Ne pousse pas ton époux à des dépenses folles ; ne sois pas indifférente à ses longues absences ; en dehors de son travail un homme marié doit tenir compagnie à sa femme et puisqu'elle partage ses peines, elle doit aussi partager ses plaisirs ; recherche son amitié et attache-toi son cœur comme il doit s'attacher le tien.

— Je ferai tout ce qu'il voudra pourvu qu'il me fasse plaisir ; il a promis de me donnner tout ce que je voudrai.

— C'est beaucoup promettre, ma fille, quand on ne sait si l'on pourra tenir ses promesses.

— Pourvu que j'aie de belles robes et de beaux chapeaux !

— Cela fait si peu le bonheur, que c'est souvent la cause de discordes, de ruine et de division. La probité est la plus belle parure.

Cette jeune personne avait l'amour personnel qui consiste à jouir du prestige du costume. Elle se maria donc, et l'on fit un voyage de noce agréable ; à part la déception causée par ses sens insensibles au plaisir, elle rentra, enchantée, espérant découvrir le secret de cette insensibilité, pour la réveiller. A huit mois de mariage la lune rousse exerçait déjà son influence ; on s'adressait d'amers reproches ; partageant son amour inerte entre son chien, ses fleurs et ses robes, elle refusait le devoir qu'impose le mariage civil et religieux ; l'épouse se rebiffait, voulant une vie commune de fraternité, la vie d'une sœur et d'un frère, sans préambule et sans crise, ce qui n'était guère acceptable ; enfin elle s'esquiva, mais revint bientôt sur les conseils de ses parents ; le mari, de bonne composition, accepta son triste sort ; on se sépara à l'amiable afin d'éviter l esclandre inévitable d un divorce ; le pauvre diable qui n'avait pas compris le mariage ainsi, aurait voulu une femme aimable, caressante, se plaisant près de lui.

Il s était trompé et abusé en voyant une épouse jouer le rôle de sœur de lait ; pour étourdir ses chagrins, il caressa la dive bouteille qui le mit dans un fâcheux état ; la femme, de son côté, profondément dégoûtée de l'homme, aurait voulu un enfant ; il lui fallait un dérivatif, elle ne l'eut pas.

Un ménage sans enfant est un jardin sans soleil et sans fleur ; c'est la vie sans lendemain. Ce désir d'avoir des enfants, cause de désunion, fait faire des demandes étranges, telle celle d'une dame de 52 ans sollicitant le moyen d'en avoir un. On peut juger de mon embarras !

Le cas de ce ménage malheureux, qui ne connaîtra jamais le bonheur, m'en remet en mémoire un autre démontrant combien l'étude des tempéraments est utile. Il s'agit d'une dame de forte constitution, ayant dépassé la trentaine, fraîche, gourmande de plaisirs charnels et ne refusant pas l'argent qu'on lui offrait ; son tempérament sanguino-nerveux ne s'accomodait point d'une longue continence et, en cette matière, une femme ne peut-être suspectée de fanfaronnade.

— Croiriez-vous que j'ai un mari peu commun ?

— Peut-être.

— Il est si froid qu'il oublie ses devoirs d'époux.

— Vous dites ?

— Etes-vous sourd ?

— Non, mais...

— Vous ne voulez pas me comprendre.

— Si, mais je ne puis m'imaginer qu'une femme fraîche, plantureuse, dont la chair ferme serait enviée de plus d'une jeune vierge, puisse se plaindre ; avec de tels agréments, un mari ne devrait jamais être refroidi ou, alors, sa place serait chez les trappistes.

— Au moins, vous comprenez les choses.

— Sur ce terrain un connaisseur a sa raison d'être pour gagner l'estime de ceux qui aiment la flatterie.

— Pardon, je n'aime pas ceux qui flattent trop ; allez, je ne m'abuse pas sur les intentions des hommes...

— Que vous estimez probablement à leur juste valeur ?

— Mon Dieu, il y en a de bons et de mauvais ; il y en a de vrais comme il y en a de faux ; quand ils ont obtenu ce qu'ils veulent, ils se fichent de nous comme d'un lampion par un beau clair de lune.

— Tiens, vous êtes aussi bonne connaisseuse et..?

— Ça n'est pas pour vous mortifier, comprenez-moi bien ; car je sais distinguer...

— Pourtant, vous avez oublié de mettre des

lorgnons avant votre mariage, sans quoi vous eussiez remarqué la réserve...

— La réserve ! J'ai bien que trop remarqué, seulement je l'avais mise sur le compte de la timidité ; les hommes sont si bêtes, qu'ils ne comprennent rien du tout !

— Merci.

— Excusez, mais pour sûr, je n'ai pas un homme comme les autres.

— Vous croyez ?

— Oui, je le crois ; car expliquez-moi comment il peut rester sourd et muet pendant plus d'un mois..... ?

— Vous dites ?

— Allons, vous m'avez bien entendue.

— Vous vous moquez, chère dame.

— Pas du tout ! Je dois même le rappeler à.....

— L'obligation de vous servir.

— N'est-ce pas un droit naturel ?

— Parfaitement, madame.

— Au moins, vous comprenez les femmes et dire que lui ne comprend rien, c'est-y malheureux !

— C'est, en effet, bien malheureux, et vous ne méritiez pas une telle infortune.

— Surtout que mon tempérament exige.... vous comprenez ; c'est plus fort que moi, que voulez-vous que j'y fasse !

— Diable, mais alors, vous lui en faites porter ?

— Vous le devinez ?

— C'est assez compréhensible !

— Alors, vous m'approuvez ?

— C'est trop délicat pour émettre un avis ; permettez-moi de rester neutre et de vous plaindre.

— Vous avez raison de me plaindre, je suis si malheureuse. Une femme ne peut pourtant pas toujours mendier.....

— Enfin, vous lui en faites porter ?

— Hé ! le moins possible ! Que voulez-vous que je fasse d'un homme qui regarde la lune quand je lui fais des prévenances ?

— Votre mari aurait mieux fait de rester célibataire, c'est un anaphrodite !

— Parlez-moi donc français ; je ne connais pas l'hébreux, moi ?

— Cela veut dire que votre mari a perdu tout sentiment d'amour.

Votre mari est un frigique ou, ce qui revient au même, un animal à sang froid.

— Alors, oui, il est à sang froid !

— Avouez que l'homme est bien malheureux de ne pas savoir tomber sur une compagne qui le comprenne et partage ses goûts ; la femme semble se plaire à tromper l'homme (sauf de rares exceptions) avant ou pendant le mariage, croyant se venger de ses galantes entreprises et elle se dégrade elle-même ; voyez cet ami, ce voisin, cet industriel, cet officier, ce magistrat qui sont trompés presque publiquement ; voyez ce juge de paix, par exemple, chercher une fleur de vertu pour épouser une fleur fanée qui flirtait, entre deux sermons, tandis que son père divaguait sur l'avantage de la Loge X... et de la Libre-pensée ; non, voyez-vous, la vie, contemplée dans ce cinématographe, n'est pas belle, elle a un cachet tròp schoking !

— Vous dites ?

— Trop schoking, chère dame ; c'est tout à fait anglais.

— Comment voulez-vous que les petits ne soient pas mauvais, quand les gros, qui devraient donner de bons exemples, leur enseignent la dépravation ? Et puis les hommes se gênent si peu ; ils ne cherchent qu'à tromper !

— Les vices des dépravés blasonnés n'atténuent point les vices des déshérités ; il est vrai que le vice est très répandu. Songez donc que 97 hommes sur 100 sont trompés, de sorte que les serments d'amour sont faux comme l'ombre d'un dieu.

— C'est un vrai plaisir de s'expliquer avec vous qui savez si bien mettre les choses au point. Ah ! si tous les hommes étaient comme vous !

— Le monde n'en serait peut-être pas meilleur. Votre mari aurait dû comprendre les devoirs de l'homme marié ; il ignore probablement le tableau de l'*amour triomphateur* représentant Jupiter filant aux pieds d'Omphale, Que n'êtes-vous Omphale !

— Si mon mari était vieux...!

— Je comprends.

— Je lui pardonnerais, ou si j'étais comme Mme X..., plus jeune que moi et qui prit ce vieux grigou, ce serait une autre affaire ; si j'avais eu le courage de faire une telle bêtise, je n'aurais rien à dire, je ne me plaindrais pas. Les vieux, voyez-vous, ne sont bons à rien... si ce n'est à attiser le feu, à tremper la soupe et à souffler la chandelle.

— Ils ont au moins la vue, c'est toujours cela.

— Il faut bien leur montrer quelque chose à ces pauvres vieux ; quelle diable d'idée ont-ils aussi de vouloir des jeunesses !

— C'est une manie que le diable seul, s'il existait, pourrait leur donner, mais vous n'ignorez pas que l'amour est un oiseau que l'on surprend partout, sans pouvoir l'apprivoiser nulle part.

— Peut-on parler de la sorte ! Non, voyez-vous, si l'homme avait tant soi peu d'idée, s'il réfléchissait... il ne perdrait rien... il n'aurait pas le droit de se plaindre ; mais, voyez-vous, il ne veut pas comprendre qu'une femme ne peut toujours se morfondre en des désirs stériles !

— Vous avez peut-être raison.

Sur cette dernière réflexion, l'interlocuteur quitta la pauvre dame, en lui souhaitant que la bonne déesse touchât le cœur insensible de son mari.

Monter tous les degrés de la cocularité est assez malheureux ; mais être bafoué pour avoir une infidèle dépasse les règles de la courtoisie gauloise et bientôt on affichera sur les murs les noms des maris trompés, leur refusant même de vivre dans la douce ignorance de la chose, ce qui annonce, pour le siècle où nous entrons, un revirement de mœurs qui fera une obligation aux trahis d'inviter leurs rivaux à leur table. Il n'y aurait rien de surprenant à cela, quand on voit l'amitié qui règne entre deux amis dont l'un ignore le préjudice causé par l'autre.

Ce document, produit à un tribunal par un époux trompé, est typique et l'on se demande où l'ironie s'arrêtera :

« L'an 1903, le 1er avril, aux requête, poursuite et diligence de M. Joseph Boisdecerf, inspecteur départemental des cocus.

« Attendu que l'article 3, de la loi du 31 septembre 1901, stipule que tout cocu doit faire déclaration de cette qualité à la mairie de son arrondissement afin d'être muni d'une patente spéciale.

« Atendu que X... ne s'est pas conformé à cette obligation, nous le sommons de se présenter, dans les trois jours, à la mairie, sous peine d être contraint de ce faire par toutes les voies de droit ». Pour copie conforme :

CORNEMBOIS.

Cet exploit de la rigolade a fort diverti les agents de Thémis. Après cela, si les célibataires se plaignaient d'être imposés, ils ne seraient pas du tout raisonnables.

*
* *

D'après ce que l'on sait des caprices, des excès et des faiblesses de l'humanité, on devine combien il est difficile d'accommoder les goûts et les esprits ; la certitude acquise que se méconnaître cause des mésalliances, des déceptions et des regrets, est trop clairement prouvée pour en disconvenir. On a vu les influences extrêmes de l'érotisme qui égare des cerveaux jusqu'à la folie, en faisant martyres ses victimes ; quant à l'anaphrodisme il est plutôt un défaut qu'un vice et n'est préjudiciable qu'à lui-même.

Ceux à qui la nature refuse la sensibilité et le partage des plus doux épanchements devront éviter le mariage avec des natures trop sensibles, car, à moins que celles-ci soient pétries d'une volonté, d'une vertu et d'une énergie remarquables, ils pourraient s'exposer à ne pouvoir passer sous la porte St-Denis, si redoutée des maris jaloux. Les apathiques pourront prendre des femmes comme eux, se souciant peu qu'il fasse chaud ou froid, que le baromètre monte ou baisse, qu'il soit au beau, à la pluie ou au vent ; alors ils vivront, sans craindre les orages si fréquents autour d'eux ; leurs ménages seront immunisés contre la contagion du mal d'amour ; leur demeure sera le temple de la paix et de la concorde.

Ces mariages, cimentés par l'amitié fraternelle, seront, en tout cas, plus normaux que la renonciation des cloitrés volontaires ; car cette maxime : *Il n'est pas bon que l'homme soit seul*, n'entend pas la société de son semblable, mais l'attache, selon les lois naturelles, à une compagne pour former une famille d'où jaillira une société nouvelle ; agir autrement est un défi imprudent aux impulsions de la nature dont la violation provoque des crises affreuses. Chercher la solitude dans un gynécée ou une androecie pour fuir les séductions mondaines, en goûtant la félicité contemplative, est d'un égoïsme outré que condamnent la raison et la morale, car la piété s'y cache sous le voile de l'abrutissement extatique et des vices les plus odieux.

La solitude est ennemie de l'*amour social*, elle éteint son rayonnement divin en paralysant les facultés les plus nobles du solitaire qui se prive des joies sociales en évitant les charges de la vie au mépris des droits mutuels et de l'ordre général, car il vit sans mérite, sans peines partagées ; son plaisir est celui de l'égoïste qui rapporte ses vains efforts à un but vague, indéfini ; son renoncement aux luttes qui font la grandeur de l'âme exposée aux agitations du monde, sa mélancolique existence passée en méditations stériles, son mépris affecté de toutes choses, sa joie à lutter contre des tentations imaginaires, ne sont pas à suivre et l'union de sa pensée à l'*inconnu* ne permet point de lui tenir compte de son sacrifice qui ne profite qu'aux ennemis de l'humanité pour le triomphe de l'erreur, du fanatisme et de la barbarie.

Pour la vaine gloire d'afficher l'indifférence aux lois harmoniques et du travail utile, le cloîtré est un voyageur égaré dans les ténèbres ; on le montre un digne exemple à suivre, un courageux travaillant au salut de son âme, loin du bruit, des clameurs et des passions du peuple ; mais sous ce renoncement déguisé il n'y a qu'une lâcheté que l'on doit flétrir et ne pas imiter : Voyez, cependant, dira-t-on, ces hommes qui ne parlent jamais, ils ont fait vœu de pauvreté, ils ont abandonné amis et familles pour méditer dans la retraite, priant et travaillant ; dormant peu, ils se contentent d'une vie frugale ; ce sont des hommes de Dieu, ils ont tout abandonné pour le salut de leur âme et de celle des pécheurs.

N'écoutez point les ignorants qui parlent de la sorte, ils ne débitent que des mensonges. Qui vous prouve qu'ils ne satisfont pas leurs désirs charnels ? Ne sait-on pas que presque tous les couvents ont entre eux des communications d'où doivent résulter des complaisances et des détentes nerveuses (1) ; les révélations d'hommes compétents, qui ont vu et entendu de près ce qui s'y passe, sont trop précises pour croire à la vertu des cloîtrés dont l'indifférence, la chasteté et la pauvreté sont assises sur des millions qui font le bonheur des communautés et de Rome. Quel besoin de richesses auraient ces gens qui semblent vivre du strict nécessaire ? Leurs immenses fortunes léguées aux sociétés qu'ils ont choisies sont entassées pour servir *les intérêts*

(1) Il se passe dans ces temples du vice beaucoup d'abominations secrètes ; il y a quelques années, en creusant sur les anciennes fondations d'un couvent, à Paris, on découvrit plus de trois cents squelettes d'enfants. D'où venaient-ils ?

politiques du clergé romain par l'organisation monstre de *la ligue ultramontaine* ennemie de tout progrès social.

Malgré l'austérité dont se targuent les cloîtrés, leurs privations ne sont pas de nature à les rendre chétifs, surtout quand on remarque la face rubiconde, épanouie, et la bedaine distendue de tant de moines ; chez quelques-uns la privation est nécessaire, car l'énervement est en rapport direct avec la cause excitante, d'où il faut conclure que chez beaucoup la chasteté est bien compromise. Laissons de côté ce détail de la défaillance de la chair pour retenir que ceux qui ne vivent que de légumes et d'eau ne se rencontrent pas parmi les bénédictins et les capucins friants des bons morceaux et des meilleurs vins. Sans un régime sévère, beaucoup de moines seraient exposés aux pires révolutions antiphysiques. Ces paresseux vivent sans utilité sociale, sans foi et sans respect des sentiments humains que la loi morale impose à tout homme par l'accomplissement des devoirs naturels. La foi, levier de la puissance religieuse, est moins grande chez les cénobites chrétiens que chez leurs confrères chinois ; ceux-là n'ont pas poussé l'abnégation jusqu'à se sacrifier publiquement sur un bûcher ; l'autocrémation, sublime aspiration du saint disciple de Boud-dha, n'a pas encore tenté nos moines qui trou-vent plus simple et plus catholique de mourir ignorés sur un lit de sangle, dans l'espoir de figurer parmi les saints et d'attraper une place au paradis.

Entrons maintenant dans un gynécée de car-mélites, recluses placées sous l'Ordre le plus rigide. Dans cette vaste enceinte, enclose de hautes murailles où, du dehors, semble régner l'éternel silence, sont de pauvres filles vouées au culte du Seigneur ; le jour de leur entrée dans ce tombeau à ciel ouvert, elles ont dit adieu au monde, à Satan, à ses pompes et à ses œuvres ; elles n'ont plus d'amis, plus de parents. Dans la chapelle est dressé un cercueil dans lequel s'étend la postulante au noviciat ; elle est habillée de blanc comme une chaste fiancée ; un voile blanc la couvre de la tête aux pieds ; son opulente chevelure va tomber sous le fer ; quand elle aura renoncé à tout et prononcé ses vœux devant la foule émue, la cérémonie sera terminée, les portes du cloître se refermeront pour toujours sur cette victime d'une instruction diabolique ; séquestrée dans un bagne catholique, personne désormais ne pourra lui faire de confidences ; les rares visiteuses qui auront accès près d'elle ne pourront lui parler qu'au travers d'un grillage, la mère abbesse, à genoux sur un prie-Dieu, écoutant la conversation sans en perdre un mot et (1) sans permettre quelle soit de longue durée ; elle ne recevra plus de baisers d'un frère, d'une sœur, d'une mère ; la seule familiarité permise sera un froid contact de main dont elle devra se purifier.

Qui a poussé tant de malheureuses, nées pour l'amour, riches et belles, à briser une destinée s'annonçant sous les plus heureux auspices ? Une contrariété, une déception qui brisa une corde sensible et l'on résolut de con-

(1) A 10 ans, je fus témoin d'une visite faite par ma mère à une cousine germaine, cloîtrée à Poitiers ; cette scène, avec son froid glacial, laissa en mon âme un pénible souvenir.

sacrer au doux Jésus cet amour blessé, incompris, imposé ou trahi, maudissant cette vie de luttes continuelles contre les pièges tendus par la séduction et le mensonge qui troublent la paix et le bonheur de l'âme qu'il faut sauver, puisque tout le reste n'est que vanité. Bercée de fausses croyances, la jeune fille confie ses peines au prêtre qui conseillera la réflexion ou l'incitera à embrasser la vie monastique. La famille tentera inutilement de détourner de cette voie, qui conduit au néant de la personnalité, cette proie facile du clergé romain ; car ces filles, généralement riches, donnent leur fortune au couvent qui les abrite. Le noviciat terminé, les recluses sont éduquées pour ne rien ignorer des règlements et des exigences de l'Ordre ; elles ont été façonnées comme une motte d'argile, entre les mains d'un modeleur, par ses compagnes, la mère supérieure et l'aumônier, seul homme qui a accès dans la demeure monastique ; pacha privilégié il n'a pas besoin d'eunuques pour surveiller ses favorites ; il prépare les plus belles et les mieux faites (il s'y connaît comme le loup au choix des brebis) par des lectures et des méditations qui roulent sur l'interprétation des visions de sainte Thérèse et sur le *Cantique des Cantiques* (1), productions érotiques propres à incendier le cœur des saintes filles soumises à l'influence mystérieuse par le jeûne et la prière ; leur régime contribue, enfin, à développer l'*hystérie religieuse*.

Par la compression des seins, des frictions et des breuvages à base de houblon et de nénuphar, on efface les charmes physiques ; les époques sont généralement supprimées, à moins que les sujets soient franchement sanguins. Il est facile de comprendre la perturbation qui peut en résulter. Leur teint pâle annonce l'anémie que l'isolement et le défaut d'exercices aggravent chez ces sujets prêts à recevoir *les grâces* du ciel. Ces filles tombent en extase et unissent leur âme au divin désiré, en s'abandonnant au diable personnifié par le

(1) De tous les livres, la Bible est le plus immonde et c'est celui que préfèrent ces abominables coquins, les jésuites protestants, connus en Suisse sous le nom de momiers, les plus lâches et les plus viles créatures qui soient au monde.

confesseur qui exerce son ministère par des onctions de grâces qui auront d'autant plus d'effets sur le corps que l'esprit y aura été mieux préparé. Pour transformer des vierges en prostituées il faut les moyens diaboliques connus du prêtre seul. On trouve, dans Michelet, l'histoire de la belle Cadière, malheureuse qui fut débauchée et perdue par un jésuite, du nom de Girard. L'aumônier sait, par d'adroites comparaisons, faire comprendre aux religieuses le sens mystique attaché à chaque révélation et leur faire désirer avec d'autant plus d'ardeur la sensation physique qui doit étourdir l'âme, que nul secret n'échappe à ses yeux et à ses oreilles ; il n'attend que le moment, jugé le plus favorable, pour accomplir l'insigne sacrifice, en se donnant au nom du Christ dont il est le mandataire et le dispensateur *des dons les plus précieux*. L'union parfaite est accomplie avec les recluses qui feignent de croire ou croient réellement que l'homme-dieu est descendu en cet homme comme elles ont cru à sa présence réelle dans l'ostie que déposa, le matin, sur leurs langues, sa main sacrilège et la connaissance de cette copulation acquise, le prêtre déifié, pour la rendre plus solennellement désirable, n'a plus besoin d'exciter ses victimes qui demanderont, avec insistance, le fréquent bonheur de *l'union parfaite avec le divin Sauveur*. Les excès provoqués sur des cervaux maladifs sont inimaginables ; car le peu que l'on sait n'est rien comparé à la débauche dont sont témoins ces lieux de prostitution religieuse ; que de manœuvres criminelles cachent des fautes impunies par le fait qu'ils sont inviolables comme le sérail d'un sultan !

Ecoutons ces plaintes et ces désirs d'une sainte fille dont l'âme, immaculée à son entrée au couvent, s'est noyée dans la lubricité mystique :

O doux Jésus, mon divin adoré,
Qui me ravis, tendre amant désiré,
Brûle mon cœur de ton ardente flamme,
C'est pour toi seul qu'il vit et qu'il s'enflamme!
O mon chéri, je meurs du saint désir
De te toucher ! Bercée par le plaisir,
Entre tes bras, je tombe évanouie
Sous ta vertu qui s'est épanouie.

L'âme grisée s'envole droit au ciel,
Ivre d'amour, plus doux que le pur miel !
Je suis à toi, infime créature,
Sans autre bien, dans l'aveugle nature
Pleine d'erreurs de ce maudit Satan,
Auteur du mal, du monde le tyran
Qui fut par toi précipité dans l'ombre
Où le damné, qui t'a renié, sombre.
Auprès de toi, mon Jésus, mon seul bien
C'est le bonheur, le reste n'est plus rien !
Toi seul fais vivre et toi seul est la vie,
Source d'amour, d'ivresse et de l'envie !
O Volupté ! dont a frémi mon flanc,
Près de ton corps, sans un voile blanc !
O mon sauveur, entends ta fiancée,
De tes rayons qu'elle soit transpercée ! (1).

Et le bon Jésus, écoutant le doux appel de la *sainte passionnée*, s'est ému, il a eu pitié de cette souffrance qui ne pouvait s'apaiser que sous l'influence de son souffle, mais il a attendu le moment propice pour se présenter et couvrir ce corps à lui offert et sacrifié, lui donnant enfin l'impression du désir matérialisé. Maintenant il y a deux bouches unies, deux

(1) Il ne faut pas oublier que ces femmes ont le cerveau anémié et que tout cerveau anémié est sujet aux plus étranges hallucinations.

haleines confondues, deux corps mariés et ce serait une union divine, si elle n'était sacrilège ; enfin le doux Jésus, qui a pénétré ce corps et abreuvé cette âme comme le soleil fécondateur pénètre la terre de ses chauds rayons, se retire avant le réveil complet ; la crise de la joie délirante est heureusement longue et quand la victime revient à elle, les sens presque assouvis, elle ne voit ni Jésus ni l'homme, mais son flanc convulsionné a tressailli : il est venu le Bien-aimé, il est entré là, elle le sent, il a semé des traces. Et la vision va venir, la vision du troisième ciel où le corps et l'âme se fondent dans des jouissances si inexprimables que d'essayer à les rendre ferait mourir de plaisir. Alors que doit être le septième ciel ?....

Ah ! vanité des vanités, tout n'est que vanité sur la terre ! telle est la dernière oraison de la sainte fille...

Une grande dose de jugement n'est pas nécessaire pour juger ce qu'a de désastreux une pareille éducation et l'utilité de détruire ces nids de corruption où vont nicher, d'abord pures et bien intentionnées, des dupes illusionnées qui mènent une existence dangereusement troublante. Qu'on tolère et qu'on admire les religieuses qui exercent la charité dans des asiles où des vieillards tombés en enfance ont besoin de soins dévoués ; qu'on les laisse, dans les hôpitaux et sur les champs de bataille, prodiguer les consolations, les carresses et l'espérance aux blessés et aux mourants qui désirent sentir une main amie. L'abnégation de ces femmes, quittant tout ce qui leur est cher pour s'attacher au spectacle effrayant de la souffrance, est admirable. Ce vœu de charité est un acte d'amour social désintéressé que n'a pas une femme étrangère ; car ces religieuses font des malades leurs meilleurs amis qui aiment qu'une main douce et légère soutienne délicatement un membre blessé ou panse, avec de grandes précautions, des blessures douloureuses que des infirmiers et des étudiants soignent souvent avec une brutalité révoltante. Respectons les consolatrices de la souffrance, qui, par leurs soins, en diminuent l'horreur et la durée ; ne les touchons pas ; les combattre serait combattre la cause des malheureux (1).

Il faut d'autant moins les toucher que l'Etat voudrait de bons serviteurs sans les rétribuer selon leurs peines et leur mérite, ce qui n'est pas possible.

Pour en finir avec les gens d'église, il reste à parler du prêtre, de son recrutement et de son rôle en amour.

On ne combattra jamais avec trop de vigueur cet être faux et lâche, le prêtre, qui est une antinomie sociale, trompant tout le monde et cherchant à se tromper lui-même ; la sincérité veut pourtant convenir que ce n'est pas de sa faute seule, s'il est ainsi ; car il est le premier trompé, le premier victime de son ignorance, de sa foi ou de son orgueil, égaré qu'il fut par de perfides conseils ; pour s'en convaincre, constatons comment on procède à son recrutement, en se rappelant que pendant

(1) Il s'est élevé, à ce sujet, des discussions de partis voulant prouver le bien ou mal fondé des sœurs dans les hôpitaux, les uns y voyant des agents religieux qui exerceraient une pression sur les consciences, ce que l'on peut rigoureusement leur défendre.

les premiers siècles l'Eglise choisissait ses pasteurs parmi des hommes mûrs ayant conscience de ce qu'ils faisaient ; ils étaient alors parfaitement libres de se marier ; mais depuis longtemps on ne demande plus leur consentement à des hommes réfléchis, parce que l'on n'en trouverait plus en quantité suffisante pour satisfaire les exigences du culte ; alors, on s'est adressé aux enfants par l'intermédiaire de parents stupides qui leur ont dit : « Voyez, M. le curé, quel digne homme et combien il est heureux ! Il n'a qu'à prier Dieu, il est bien logé, bien nourri, il fréquente le beau monde, il va chez le pauvre qui le bénit et chez le noble qui le respecte ; il est bien payé et tout le monde est heureux de le recevoir, car il a l'estime de chacun ; voilà ce que vous devriez être ; mais, pour cela, il faut la sagesse ; pour servir Dieu, il faut beaucoup de piété, d'obéissance et de soumission ; ce serait pour nous bien consolant de vous voir chanter la messe. Quel beau jour que celui d'être ordonné ! »

Les enfants écoutent ce discours qui laisse dans leur esprit une impression d'orgueil :

chanter la messe, parler au bon Dieu, le tenir dans ses mains, l'avaler, l'avoir chaque jour dans son ventre, le donner aux autres, fréquenter le beau monde, sont les réflexions que font ces enfants qui ne manquent aucune dévotion, servent la messe, vont à la cure, soumis, craintifs. Le curé remarque ces heureuses dispositions, s'en réjouit et en touche un mot aux enfants qui rougissent de plaisir, d'orgueil et d'ignorance, puis il en parle aux parents.

— Commment, M. le curé, mais ce serait avec joie que vous verrions notre fils remplir un jour votre saint ministère !

On parlemente, on pèse les chances de réussite basées sur l'intelligence et la docilité de l'enfant ; c'est une observation à faire ; dès ce moment, il est confié à la vigilance du curé qui devient son directeur religieux et lui prépare sa latinité. Les démarches pour entrer au séminaire sont faciles, grâce à l'appui du prêtre ; si la famille est riche ou à l'aise, les portes sont grandes ouvertes à l'enfant; si elle est gênée ou pauvre, on accumule les recommandations et les frais d'entretien sont prélevés sur la caisse qui alimente ces dangereuses fabriques de consciences. Au séminaire, la vie est modifiée, le régime, sans y être très bon, vaut cependant mieux que celui du soldat plus souvent affamé que repu, mais tandis que celui-ci dépense beaucoup de forces physiques, le séminariste n'a que des efforts d'intelligence à faire, ce qui n'est pas la même chose, quoique la fatigue du cerveau ne soit pas sans danger, les troubles nerveux et la folie pouvant en résulter. Au séminaire, où les exercices sont invariables pour chaque classe, ce sont ceux de piété qui absorbent le plus de temps ; on s'y lève et on s'y couche tôt ; les élèves sont l'objet d'une étroite surveillance ; si l'on en soupçonne d'avoir des idées subversives, ils sont vite découverts, l'espionnage étant de règle entre eux, selon l'enseignement cher aux jésuites ;si l'on en surprend qui aient de mauvais livres, *mauvais* parce qu'ils combattent quelque dogme absurde, on les chasse impitoyablement. A ces adolescents on donne une nourriture privée d'excitants et les boissons contiennent des principes antiaphrodisiaques qui n'empêchent point les bilieux, les sanguins et les nerveux de ressentir des troubles en leur chair révoltée contre des privations contraires aux lois de la nature et à leur état constitutionnel. Parmi ces jeunes gens, il y en a qui, peu disposés pour les beautés apparentes du sacerdoce, rêvent l'instruction à bon marché pour s'assurer un avenir dans les usines où l'on emploie ces résidus jésuitiques. Ils ont joué une bonne farce à des âmes charitables et aux bonzes catholiques ; mais ces métis sont toujours du plus mauvais acabit.

Ceux qui vont jusqu'au bout, pour se faire ouvrir les portes de la prêtrise, vivent de l'ardente espérance d'être ordonnés ; car, chaque jour, on leur fait sentir de quels privilèges le ciel veut les combler, en les choisissant pour une belle destinée où la lutte est facile avec la foi et la piété pour vaincre les tentations de Satan, ennemi redouté qui montre le mal sous l'apparence du bien et suggère des pensées perfides qui paraissent les meilleurs conseils à suivre. Les néophytes jurent de ne jamais s'y laisser prendre. N'ont-ils pas la volonté, la force, la prière, Dieu et la vierge Marie contre qui l'Esprit du mal ne peut rien ? Leur vie s'écoule courageuse et sans luttes, leurs causes les plus sérieuses faisant défaut ; ces enfants, pleins de vigueur, ne peuvent se faire aucune idée des embûches que des circonstances et des fonctions feront naître sous leurs pas. La théorie, belle de promesses, n'est plus réalisable dans la pratique, quoiqu'on leur ait tout appris afin qu'ils n'ignorent rien ; ils savent tout ce que filles, garçons, hommes et femmes peuvent penser, dire et faire; ils n'ignorent aucun de leurs défauts, de leurs vices ou de leurs secrets intimes ; l'attention fut même poussée à leur montrer les phases de la maternité pour les initier à pratiquer l'opération césarienne dans le but de sauver un enfant qui pourrait vivre dans l'étroite prison maternelle. Prévenus et si bien instruits, le sacrement de l'Ordre doit les placer en dehors et au-dessus de l'humanité ; aussi ce jour de consécration au Seigneur est-il, de leur avis, le plus beau ; maintenant, ces jeunes tonsurés sont prêts pour la grande mission qui leur est dévolue, de par leur caractère sacré, d'enseigner la révélation jetée aux échos du merveilleux, sans se soucier des armes forgées par la contradiction pour attaquer cette révélation absurde et en nier la cause qui nécessite un mécanisme de matières décomposables.

L'âme vierge, le cœur pur, le corps sans tache, le nouveau prêtre est envoyé dans une cure plus ou moins importante, selon ses aptitudes et son intelligence ; ses débuts ne sont pas toujours heureux, sa tranquillité et son bonheur dépendent du caractère et de la bonne humeur du curé dont la jalousie, l'ambition, l'esprit vindicatif causent au nouveau venu d'amères déceptions qui modifieront son caractère ; il ne comprendra pas tout d'abord ces mesquineries, ces lâchetés que provoque la crainte d'être supplanté. La première fois qu'un vicaire doit prêcher, pas une dévote ne manque au sermon ; si le curé veut conserver l'impression agréable qu'il croit produire sur ses ouailles il lui réservera la première messe, mais ce petit tour de jésuite ne détruit pas l'affection qui naît à première vue et quand il sait qu'on a dit : — Il est gentil M. l'abbé ! — C'est un bel homme ! — Il chante bien ! — Quel bon garçon ! Sa nature en est boulversée. Est-ce qu'on va préférer un jeune blanc-bec à lui, un vieux renard, au courant de toutes les intrigues, de tous les secrets des familles ? Il ne manquerait plus que ça !

Cependant des jeunes femmes, des jeunes filles se sont promis d'aller se confesser à l'abbé ; il doit faire si bon avec lui ! Et voilà le coq du village menacé de perdre quelques poulettes ; mais baste ! il en restera toujours assez pour lui ; la belle affaire ! Allez, monsieur l'abbé, vous n'empêcherez pas le blé d'arriver au moulin. Nous veillerons au grain, tenez-vous bien, autrement, gare les lettres anonymes.

L'abbé ne redoute rien. N'a-t-il pas sa conscience, ce dictamen qui le guide dans le sentier du devoir où doit le retenir la grâce que le ciel lui a donnée ? Le curé, qui a sombré comme tous ceux qui n'ont pas le cœur ni la chair insensibles, rie sous cape : On le verra bien à l œuvre, dit-il, ce malin voué à la perdition par la faute de ceux qni l'ont nourri de chimères, oubliant les droits de la nature, les ruses féminines et les circonstances fortuites. Voici notre abbé au confessionnal où se déroulent, à voix basse, des confidences qu il écoute attentivement, avec une insensibilité apparente, pour les juger selon leur gravité. Une jeune femme, à genoux, lui révèle ce qu'elle aurait dû garder, ses peines, ses besoins, ses parjures et lui, le consolateur discret, indique le remède à cette âme en peine qui voudrait vaincre la tentation et éviter la défaillance de sa chair : « Priez ma sœur, la prière éloignera de vous le tentateur. » La pécheresse prie, fait des neuvaines, des pénitences, mais à chaque confession les mêmes avœux se renouvellent. Alors, quoi, le démon est-il si fort, qu'on ne puisse l'empêcher de dominer ? — « Mon père, il faut prier pour moi ! » Le prêtre joint ses prières à celles de la pénitente qui s'avoue impuissante à lutter seule contre le maudit tentateur.

Une autre femme, veuve ou mariée, veut être interrogée afin de répondre plus librement. Les questions, quelquefois posées avec réserve, sont souvent d'une lubricité qui excite les sens et provoque des explications d'autant plus énervantes qu'elles sont plus spéciales. Cette femme se plaint de l'indifférence de son mari, son cœur a besoin d'amour pour le rendre, elle révèle des faits qui ne devraient pas plus sortir de l'alcôve que d'un tombeau; mais le prêtre est un ami à qui l'on peut tout dire; sa discrétion est un cadenas de sûreté et peut-être réparera-t-il l'apathie de l'inconcevable époux.

Et ces jeunes filles, celle-ci étourdie, désireuse d'apprendre, celle-là, amoureuse, cherchant une laison secrète, insoupçonnée du monde ; elles vont, l'une s'instruire, l'autre s'offrir au jeune prêtre qui, d'abord étonné, refoule la pensée de violer son vœu de chasteté ; sa chair est troublée, il résiste ; il sort même victorieux de la première, seconde ou troisième épreuve et il est fier de sa victoire ; le démon n'aura pas le dessus ; cependant, au sortir du confessionnal, son oreille est pleine de certaines confidences, son cerveau est influencé par cette bouche rose dont l'haleine fraîche caressa le visage ; deux souffles se sont unis ; il est tout pénétré de cette odeur de femme qui enivre secrètement des sens délicats ; ému, énervé, il ne comprend encore rien à cette émotion nouvelle ; il a des scrupules et va se confesser à un bon vieux curé du voisinage : — « Mon fils, lui dit celui-ci, ayez la foi » ; N. S.-J.-C. éloigna ainsi le séducteur : « Va, retire-toi de moi, Satan ! » Ce qu'il a fait, il nous a permis de le faire avec une foi profonde et en refoulant toute pensée impure par une attention soutenue, vous souvenant, mon cher fils, de ces paroles divines que nous répétons souvent dans l'exercice de notre saint ministère :

« Veillez et priez, car l'esprit est prompt, mais la chair est faible ». Allez en paix mon fils et ne péchez plus !

La chair est, en effet, si faible que la meilleure volonté ne peut toujours en dompter les désirs ; enfin, on luttera d'autant mieux qu'on a reçu des conseils qui fortifient l'espoir.

Si le jour passe assez agréablement avec ses

troubles prévus, la nuit l'esprit est obsédé par des rêves où sont récapitulés les événements de la veille ; c'est une complication inattendue et non des moins graves ; on n'a pourtant rien fait pour troubler un repos mérité ; c'est encore l'œuvre de Satan qui, non content de torturer l'esprit, oblige aussi le corps à verser un tribnt à la volupté et, pour peu que ce tribut soit fréquent, on éprouvera de l'énervement, une lassitude et un vide du cerveau qui jetteront la victime dans des transes indescriptibles. Le pauvre abbé, qui a grand besoin d'encouragement, va retrouver son vieil ami qui rit de sa naïve candeur. N'est-il pas passé par ces épreuves, n'a-t-il pas eu des craintes et des frayeurs à l'âge de ce jeune homme, ignorant, comme lui, les mystérieuses influences de la nature ?

— Comme je vous le disais, mon ami, la chair est si faible que l'esprit, impressionné pendant le sommeil par des causes inévitables, comprend au réveil de quoi ces causes perturbantes sont capables.

— Alors, mon cher curé, vous croyez que Satan est étranger à ces manifestations ?

— Mon cher enfant, si le démon ne manque aucune occasion de nous tenter, il faut tenir compte des phénomènes d'ordre physique soumis à des lois inéluctables et, comme toutes les lois sont œuvres de Dieu, ce serait une ineptie d'en attribuer le mérite à Satan.

— Je suis heureux de vous entendre, car vous délivrez ma conscience d'un gros poids.

Le curé, en aparté. — Tu en verras bien d'autres ; tu n'es pas au bout de tes peines ! Mon ami, il faut bien distinguer les causes volontaires que nous pouvons éviter, de celles, involontaires, que nous ne pouvons prévoir; des premières on peut dire : *qui s'expose au danger y périra*, c'est la menace de notre Maître ; concernant les secondes, il suffit d'être prudent !

Ce vieux curé était une perle rare, de plus, c'était un philosophe qui savait juger sainement. Depuis longtemps il s'attendait à des complications méthodiques, à des révélations lui rappelant ses faiblesses de jeune prêtre, ses hésitations et ses envies de jeter le froc aux orties, retenu seulement par la crainte de vivre trop misérablement. Doué d'un esprit débonnaire, il pardonnait aux autres ce qu'il voulait qu'on lui pardonnât, appliquant ces paroles qui en faisaient un des meilleurs représentants du Christ : *Il lui sera beaucoup pardonné parce qu'il a beaucoup aimé* ; paroles qui caractérisent l'épanchement irrésistible de l'amour, le besoin d'aimer ou de l'être, ne fût-ce que d'une façon passagère.

L'abbé, réconforté, quittait, tout heureux, cet ami qui mettait tant d'onction sur les âmes affligées. De même qu'à la pluie, au vent, aux orages, succèdent le calme et le soleil, dans son âme, désorientée par des événements imprévus, succédait à l'inquiétude et aux remords, l'assurance du devoir accompli selon les rigueurs ecclésiastiques.

Chaque jour, la besogne spirituelle était bien remplie : messe, exercices de piété, bréviaire, catéchisme, instruction des enfants de Marie ou du Sacré-Cœur, absorbaient presque tous ses moments; ceux qui lui restaient étaient employés à des œuvres de charité : visites, aumônes, consolation à des malades ; par diversion il passait quelques heures, de temps à autre, chez des familles où le verre et la table étaient mis au service de monsieur l'abbé dont la vie n'était pas désagréable.

Le confessionnal, constante attraction, attirait des clientes anciennes et nouvelles, vieilles et jeunes avec lesquelles on se familiarisait, sans redouter le danger permanent qui expose les faibles à succomber. Une jeune femme que l'abbé connaît depuis le premier jour qu'il célébra la messe, s'accuse d'aimer un homme qu'elle désire... Ah ! si cet homme voulait !... quel bonheur !... L'abbé qui a lu Sanchez, Liguori et tous les pères célèbres, indulgents en matière de chutes charnelles, ne comprend pas bien ; à peine devine-t-il une intention d'adultère ; la rusée, elle, comprend l'étonnement du novice confesseur qu'elle sait vierge de tout contact impur, aussi l'aveu ne tardera pas à bouleverser cet homme qui se croyait l'unique époux de l'Eglise ; il se défend comme il peut et, cherchant à détourner le danger qui le menace, il parle à sa pénitente comme un père qui a du sentiment mais nulle expérience; car, ce que cette femme désire, elle l'aura, coûte que coûte; toutefois, l'abbé garde ce secret qu'il aurait honte de révéler. C'est le tour à une jeune fille qui ne sait par quel aveu commencer sa confession; elle aussi poursuit un but, se faire aimer de l'homme-dieu; elle avoue ses fautes en donnant force détails qui plongent l'abbé dans un tel énervement qu'une douche seule pourrait le calmer; la pénitente s'étend sur ses tentations et ses rêves où elle se voit avec un homme, précisément lui.

Le rêve est donc une maladie communicative ?

Dans son état de surexcitation il n'a pas la force de s'indigner ; c'est un accommodement tacite ; il donne pour la forme une pénitence puis l'absolution, l'esprit tout distrait ; l'amour l'a touché ; il est pris comme un oiseau dans le rez du chasseur. Que la chair est donc faible ! Oui, mais qui résisterait à des tentations si provocantes?

Le soir, le cerveau hanté par des images voluptueuses, le rêve déroulera des chevelures blondes et brunes flottant sur des épaules nues pour montrer tous les avantages qu'en peut retirer la luxure ; ces corps, aux poses lascives, planent au-dessus de la tête du prêtre, frôlent sa main et son visage ; le baiser d'amour distend la corde sensible de l'inervation ; le besoin de saisir ces corps qui s'offrent passionnément est à son paroxisme ; l'esprit est vaincu et la chair soumise paye un droit à la nature violée.

Le rêve s'est dissipé ; après une nuit si agitée le réveil est suivi d'une fatigue réelle, la victime étonnée, inquiète, revoit l'image qui révolutionne ses sens virginaux et cette parodie, dont l'esprit fut dupe, est une obsession douloureuse qui ferait succomber naturellement l'homme le plus fort, ce qui lui serait moins nuisible ; ce sera peut-être un viol de conscience et de fidélité religieuse, mais que faire devant cette femme que torture l'envie d'avoir un prêtre pour amant? Que faire, quand cet homme a reconnu l'inutilité de ses révoltes?

La chute suit de près la première provocation et de là à tomber dans les plus grands abus il n'y a qu'un pas, c'est le premier qui coûte, après on en fait son deuil ou plutôt une habitude, car la jouissance appelle la jouissance et celui qui s'est pris à cet hameçon est comme l'ivrogne qui promet de ne plus boire, pour s'enivrer chaque jour.

Le prêtre qui s'est brûlé au feu interdit de l'amour n'est plus qu'un homme méprisable qui n'ose s'avouer vaincu ; il cache ses vices et joue à la bête en se faisant passer pour un ange, mais il se juge pour ce qu'il vaut, gémissant sur les erreurs dont il a été nourri.

Il court chez son vieil ami pour lui confier ses faiblesses et ses malheurs qu'il sera, désormais, impuissant à éviter. Le vieux curé, qui s'attendait depuis longtemps à de piquantes révélations, écoute, recueilli, la confession de l'abbé ; il le réconforte et lui donne une absolution confraternelle ; revenus à eux ils causent amicalement des pièges de la luxure puis ils tiennent ce langage :

LE CURÉ. — Tartufes, malgré nous, nous trompons le pays
Tout en ne servant bien que celui qui trahit,
Et si nous aimons tant l'homme qui nous honore,
Du peuple nous choyons celui qui le dévore.
De notre célibat on chante les méfaits,
Pourtant nous en goûtons très souvent les bienfaits ;
Car voilà notre don : le prêtre du pauvre homme
Reçoit au cœur les chocs, qu'entre nous on dénomme.
C'est la commune loi, qu'on ne viole en vain ;
Ce qu'on n'a pas fait hier, on le fera demain.
A la tentation, victimes conscientes
Combien ont succombé par causes incidentes ?
Ah ! je sais le grand mot, cher à tous : Chasteté !
Que Vertu, certain jour, a pour nous inventé,
Mais qu'un morceau de drap, bien fragile ceinture,
Préserve toujours mal ; c'est l'aveu de Nature ;
De ce mot, invoqué pour un fameux renom,
Brutus dirait encor : Trompeur, tu n'es qu'un nom !

L'ABBÉ. — Alors, cher directeur, si je fais une chute
Qui fasse trop de bruit ; c'est réglé, je permute ?
Après contrition, je fuirai, tel un voleur,
Sans gaspiller le temps, pour cacher ma douleur,
Et si je fais tomber une pauvre colombe
Je la relèverai avant qu'elle succombe ?

LE CURÉ. — C'est naïf, et j'en ris ; car, qui a bu boira.
Faites bien, mon ami, personne n'y croira.
Priez, faites serment d'éviter une bourde,
Lorsque ça vous tiendra, la raison sera sourde ;
C'est certain, croyez-moi ! Plus que vous j'ai vécu,
Chantant victoire, hélas ! pour être mieux vaincu !
J'ai jeté ma gourme et sous ma noire soutane

J'ai préféré à tout un jeu d'amour profane.
Nous serions bien sots de ne pas renarder,
Quant à notre pouvoir, on ose demander
Pardon de gros péchés. Quand les femmes des autres,
Le cœur gonflé d'amour, veulent être les nôtres !
C'est préférable ainsi, même sur tous les points,
Pour n'avoir à pleurer de fâcheux embonpoints
Qui nous feraient gémir ; mais qu'avons-nous à crain-
[dre,
Puisque ces bons maris n'ont pas droit à se plaindre ?
Ne seraient-ils pas fous d'oser nous relancer ?
Quand on se marie, pourquoi se confesser ?
En pachas, déguisés, nous dupons tout le monde ;
Que de secrets d'amour nous mettons dans la tombe !
L'Abbé. — Voici votre conseil : N'ayez pas trop de foi,
A l'aise jouissez, on ne meurt qu'une fois ?
Notre jeunesse file ainsi qu'un gros nuage ;
A nous tous les plaisirs et fi du mariage !
Il fallait m'aviser, et non, par un rescrit,
Mortifier mon corps, en troublant mon esprit.
Enfin, je dirai : Zut ! en abrégeant la messe,
Pour presser dans mes bras quelque jolie drôlesse !
Le curé. — Bravo ! c'est fort bien dit ; tracez votre chemin
Et vos heureux succès rendront jaloux Jupin !
L'Abbé. — Je serais trop heureux si je n'étais à plaindre,
Obligé que je suis de mentir et de feindre.
Toujours grave et pieux, à côté de tendrons,
Pour de faux droits divins que nous leur revendrons,
Je me sens pris, vaincu, dès qu'en un tête-à-tête
Disposés, je les vois, à mon cœur faire fête.
Amour est notre Dieu ; Dieu fort il nous conduit

Du somptueux palais au plus sombre réduit.
Sinistres débaucheurs, jetés hors la Nature,
Nous sommes des pourceaux, tout puants de luxure!

La comédie se jouera, désormais, entre l'autel, le confessionnal et l'alcôve. Certes, il y a des prêtres chastes comme il y a des hommes et des femmes qui vivent sans besoins charnels ; mais ceux qui ne peuvent pas plus se passer d'amour que du boire et du manger sont très nombreux. Les sanguins, les bilieux et les nerveux ont beau lutter contre les assauts de la volupté, ils succombent, sous peine d'éprouver des chocs qui ébranlent tout leur organisme, ce qui prouve l'inanité du célibat forcé (1).

Que faisait, dites-moi, cette chaste servante
Avec ce bon pasteur qu'une fin épouvante,
La veuve Sïmatis, se damnant sans arrêt
Dans les bras rabougris du curé Larderet ?
Oh! si le célibat est sans cérémonie
Aussi bien défendu par simple économie,
Si vicaire et abbé, sans compter Monseigneur,
Ont l'embarras du choix pour leurs droits de seigneur,

(1) Le double suicide du curé Valès et de sa maîtresse, en janvier 1903, n'est qu'un drame dont sont coupables les faux éducateurs d'une jeunesse abusée.

Ne soyons plus surpris que les femmes des autres
Se damnent si souvent pour ces galants apôtres !
Plutôt que de mentir, d'aller à reculons
En semant tous les maux dans tous les vallons,
Voici le seul moyen d'étrangler la critique,
Prêtres, amputez-vous l'appareil génésique !
Ou mieux, faibles mortels, suivez le droit chemin,
Faites choix d'une femme en lui donnant la main !

Le prêtre n'est pas seulement un être étrange et ridicule il est encore faux, fourbe et dangereux ; car il a conscience de son pouvoir exécrable qui soumet les esprits faibles aux plus stupides pratiques et à un fanatisme qu'il sait pernicieux, puisque lui-même fait le contraire de ce qu'il enseigne. N'a-t-on pas surpris souvent des prêtres dans les bras de femmes mariées ou de jeunes filles ? Voyez ce curé qui, près de Nevers, recevant un coup de poing d'un mari outragé, tua net ce malheureux qui n'avait pourtant pas demandé à porter l'ornement cher à saint Joseph ! Cet apôtre eût bien fait de se souvenir de ces paroles :

« Si tu reçois un soufflet sur la joue gauche, présente aussi la droite ». Si ce prêtre eût été sincèrement amoureux, il aurait supporté ce sacrifice, prix de l'outrage, pour celle qu'il avait compromise ; mais il préféra obéir à la passion qui met l'intérêt personnel au-dessus de toute considération morale.

Voyez encore ce malheureux se suicider dans une église de Lyon, accusant son frère, curé de Lérida, d'être cause de son suicide ! La charité est donc bannie du cœur des disciples de celui qui leur dit : : « Aimez-vous les uns les autres ; soyez justes, bons et miséricordieux » ?

Leur justice, leur bonté et leur miséricorde consistent à jeter la douleur et la honte tout autour d'eux, ce qui prouve que leur pouvoir est diabolique puisqu'il ne vise que ce but immoral ; *la paralysie des consciences !* ce qui donne raison à cet aveu d'un prélat clairvoyant : « Quand un prêtre sort du séminaire pour vivre dans le monde dont il s'est fait un tableau imaginaire, il est exposé à tous les pièges de la séduction que lui offre si fréquemment le tribunal de la pénitence. Le prêtre se sent homme et, quand il est aiguillonné par des besoins impérieux, il devient comme un taureau.

furieux, il se jette sur les vaches du peuple. »

Cette vérité confirme ces paroles d'un bon naturaliste : *Dans le cœur de tout homme il y a un petit cochon qui sommeille.*

*
* *

On ne peut nier que deux êtres, gênés dans leurs libres évolutions et se donnant la mort, ne s'aiment éperdûment puisqu'ils préfèrent plonger dans le séjour inconnu des ombres, plutôt que de vivre séparés dans la lumière et les ténèbres de la terre ; cet amour stérile, immoral, en brisant le fil de la vie, nuit au développement de la famille qui est là racine du corps social. Il est vrai que les découragés, aveuglés par l'ineptie de conventions trop calculées, ne raisonnent que pour voir leur espérance et leur bonheur perdus, au lieu d'unir leurs efforts à briser de faibles obstacles ; détestant la vie, qu'ils jugent un malheur irréparable, ils décident de la briser dans un élan de désespoir d'autant plus regrettable qu'il laissera des regrets mortels dans l'âme de ceux qui pouvaient éviter une telle fin. Plaignons ces existences manquées qui ont vécu d'une lueur d'espérance sans boire librement à la coupe de l'amour. Dans cette catégorie on ne peut compter l'homme et la femme qui brisent leur existence en prenant la lâche précaution d'anéantir celle de leurs enfants, dans le seul but de leur éviter la lutte pour la vie. Ce droit des parents, de disposer de la vie des enfants — qui paraît naturel — était acquis chez les peuples de l'antiquité ; les Grecs et les Romains avaient droit de vie et de mort sur les enfants irrespectueux ou insoumis et si, de nos jours, on appliquait cette loi, commune chez beaucoup d'animaux qui détruisent œufs et parasites, on verrait partout des infanticides. Cette destruction ne semblerait pas inutile à l'humanité qui aime la tuerie sur des champs de bataille où le carnage ne le cède en rien à la férocité animale, ce qui a fait dire à un écrivain : qu'il vaut mieux empêcher la naissance des enfants que d'attendre leur entier développement pour les faire massacrer. Cette pratique n'a pas été jugée digne pourtant d'une civilisation où les répressions doivent être dictées par la raison plutôt que par la brutalité.

Nul, dit-on, n'a le droit de tuer son semblable. La vie est un dépôt sacré qu'il faut précieusement conserver et c'est pourquoi les Etats vivent sur l'espoir d une guerre, monopolisant encore l'alcool et le tabac, sources de revenus profitables à leurs besoins sanguinaires. Il faut blâmer énergiquement ceux qui tuent leurs enfants ; car s'ils étaient maîtres de leur existence, ils n'avaient qu'à ne pas la leur donner ; quand on a transmis la vie on n'a plus le droit de l'ôter, surtout si l'être est arrivé à un degré de développement qui ne permette plus de douter de sa viabilité. Qu'on empêche de se développer l'être difforme ou monstrueux, c'est plus qu'un droit, c'est un devoir envers l humanité qui ne peut souffrir d'anomalie, ne la permettant point chez ses inférieurs en animalité. La honte ou la fureur qui suppriment la vie d'êtres que l'on a aimés sont des élans de la folie ; il est vrai que si l'on rendait plus faciles et plus agréables les moyens de vivre, on ne constaterait pas autant d'actes accomplis pour un simple découragement.

Ces anomalies entre sujets humains entraînent à parler de ces malheureuses qui, pour avoir senti leur cœur tressaillir sous la confidence d'un trompeur, ne reculent devant aucun moyen pour détruire le fruit de leur abandon. Croyez-vous qu'elle n'est pas à plaindre la jeune fille qui ne crut faire de plus grand sacrifice que son amour à celui qu'elle écouta parce qu'elle l'aimait ? Votre cœur pétrifié au courant du fanatisme sans pitié, oublie l'âge où vous vous seriez probablement perdue dans des circonstances semblables. A la femme qui me dirait : « Je ne me serais jamais abandonnée prématurément » je répondrais : Vous ne savez ce que vous dites ; n'ayant jamais aimé, l'amour ne vous a point effleuré de son aile, et parceque vous êtes indifférente, vous vous croyez heureuse ! Que fait votre mari ? il joue, boit ou vous trompe quand il ne pratique pas le tout à la fois ; il se plaît partout où vous n'êtes pas et votre nature réfractaire s'accommode de cette vie horrible ! Vous me direz encore : qu'un homme qui aime une femme, le prouve en la respectant. Bonne raison j'en conviens ; mais est-ce manquer de respect à une femme que lui prouver son amour et d'exiger le sien ? En fardant l'amour d'un cérémonial froid et immoral, par un acte public qui devrait être tenu secret, vous lui enlevez tout son charme, vous en faites une union bestiale avec des préliminaires qui rendent le pacte ridicule et abject ; l'amour ainsi présenté n'est qu'un spectre et l'union des bêtes est plus enviable. Les femmes de marbre ne pardonnent pas une faiblesse, ne comprenant pas la sensibilité et la foi qui se laissent trop généralement séduire ? Qu'importe la leçon morale de cœurs morts aux doux transports de l'amour ! N'écoutons point le discours de l'eunuque affichant son mépris pour tout ce qui touche à la volupté qu'il ne peut soupçonner, comprendre, ni juger, lui qu'une main criminelle a mutilé ou que la nature à privé d'émotions. Sans idée du bien et du mal qui se font au nom d'amour, il ose les discuter, lui, privé de sexe, à jamais uni à la redoutable insensibilité.

Voyez ces hommes qui affectent de mépriser la femme ; ils ont reçu l'impression d'un cachet indélébile, *l'incapacité génitale*. On ne peut imaginer de plus dégradante confection que celle d'un tel individu ne pouvant concevoir le mérite de la lutte au millieu d'influences tentatrices ; c'est le cynisme greffé avec la paralysie du cœur et de l'âme ! Et ces femmes auxquelles il importe peu que l'homme soit ou ne soit pas, elles se trouvent dans un état particulier qui mérite d'être connu ; si, par une anomalie organique, elles ont une perversion génésique, elles se livrent aux excès que nous connaissons, sur leur propre sexe ; ce sont des malades que le diable même ne pourrait guérir, à moins de faire comme ce grand prince qui, ayant surpris son épouse en pleine exhaltation dans les bras d'une courtisane, trancha de son épée, l'organe dont le développement excessif était cause de cette perversion (1).

(1) Lire « Fatales Passions » 3 fr.

Si l'apathie est complète chez des femmes mariées, elles n'auront que du dégoût pour le mari qu'elles aimeront loin d'elles ; avec ces femmes on a rarement à craindre une infidélité si elle n'est pas provoquée par l'intérêt ; incapables d'aimer, peu leur importe la conduite de l'homme, pourvu qu'il n'introduise pas de bâtards dans la maison ; elles font du mariage une composition où l'attachement est une simple habitude.

L'amour est un lierre qui meurt où il s'est attaché ; cet amour plus rare que commun ne connaît ni calcul ni obstacle pour garder l'aimé ; quelquefois pourtant ce grand amour que l'on désire, que l'on cite pour modèle, sans que l'on fasse rien pour l'avoir semblable, a des étreintes et un attachement dangereux ; témoin ce couple qui ne vivait que l'un pour l'autre, le reste ne comptant pour rien, les amis, les plaisirs, la richesse, la terre et le monde. Toute leur vie, tout leur bonheur à ces deux êtres étaient concentrés dans le tête-à-tête, dans la contemplation et les épanchements intimes, ce qui fût pour eux une pente dangereuse ; l'excès de leur amour leur fit perdre l'espoir d'en jouir longtemps, la moindre indisposition du mari, jetant l'épouse dans une telle crainte, qu'elle voyait la mort dans les bras de la santé ; de là à projeter une folie, il n'y eut qu'un pas ; par une puissance transmissible de l'idée elle persuada son mari qu'il était malade, l'obligeait à se soigner alors qu'il n'avait rien ; enfin s'imaginant qu'un léger rhume était une phtisie, elle ne résolut rien moins que de tuer son mari et de se tuer près de lui. Ce cas, dû à des troubles psychiques, était tributaire d'Amour aveugle, exalté jusqu'à la folie ; on peut aimer d'un grand amour sans pousser si loin l'excessive sensibilité.

L'amour ne permet ni lâche complaisance ni violence.

Nous savons de quelle influence est le tempérament sur l'enfant, tempérament qui, s'il n'est corrigé, s'accentuera jusqu'à l'acuité chez l'adulte et particulièrement sur la femme, véritable sensitive. Chez les femmes sanguines il y a la tempête redoutable du sang comme il y a, chez les femmes nerveuses, celles des nerfs ; ces sujets, dont la patience n'est pas à l'abri de toute critique, n'attendent pas indifféremment les avances d'un mari trop insouciant ; qu'une occasion se présente avec un jeune homme, employé ou ami de l'époux et ces femmes succomberont presque infailliblement, moins dans l'intention calculée d'outrager le mari, que de succomber sous une influence fortuite due à une imprudence qui précipite leur chute par une action réflexe sur le sang ou les nerfs ; l'ennui et le délaissement sont pour ces femmes les causes ordinaires de leur défaillance, regrettant, après la faute, l'infidélité dont le premier intéressé, absorbé dans ses affaires ou des amusements, est le provocateur le plus coupable. La faute, tout en creusant un volcan d'où jaillit une lave de prostitution, fait naître le remords par l'aveu de la trahison, ce qui réhabilite moralement les coupables qui se sont ressaisies ; car si elles ne sont retenues par la honte, elles perdent toute pudeur dans des abandons fréquents et s'étiolent au feu d'un chagrin dont elles meurent quand elles n'avancent pas le terme de leur tourment par le suicide ; femmes incomprises elles ont aimé sans que l'on ait su les posséder entièrement et c'est l'amour qui les a tuées ; comprises, c'eût été le bonheur sans rivalité et sans nuages, amour éternel qui ne voit qu'un ami, qui ne veut qu'un amant.

La tristesse est l'ennemi du cœur, il faut donc la bannir du sanctuaire où s'établit l'amour. L'amitié et l'occupation sont les auxiliaires indispensables du bonheur et de la fidélité conjugale ; interrogez votre femme dont les yeux son plongés dans une rêverie fréquente, son corps étant près de vous, son esprit et son âme en étant éloignés ! Si elle vous dit : qu'elle s'ennuie ou qu'elle est triste, c'est qu'elle a soif de votre amitié et de votre amour, soyez-lui en donc prodigue.

L'amour engendre la paix, la justice et l'union (d'autres disent la discorde et la guerre, ce qui est faux, cette étude l'a prouvé) ; c'est le grand générateur du monde, le vrai guérisseur des maux humains ; il éclaire la raison, tempère la passion, satisfait le besoin et le désir, calme la soif du fiévreux, et voilà pourquoi son nom est mille et mille fois béni. Et quel médiateur ! il unit deux ennemis, il réconcilie deux adversaires !

L'amour fait des surprises capables d'ébranler l'âme la plus austère et d'attendrir le cœur le plus dur ; tel fut l'exemple (combien triste) de cette jeune fille qui chercha, dans l'asphyxie, l'oubli du rêve d'amour dont son âme était déjà noyée ; jetant son défi à la société scélérate, elle laissa pour son amant un billet imprégné du flux de son suprême amour, ainsi conçu : « Je te donne mon corps pour que tu en fasses tout ce que tu voudras ». L'adorable créature sacrifiée à ce mal du siècle, l'égoïsme, prouvait que la mort ne tue pas l'amour ; mais que de douleurs, de désespoir, elle causa en laissant deviner quelle somme de bonheur des ingrats enlevaient à deux victimes dont ils meurtrirent le cœur.

Le don que cette fille de vingt ans fit de son corps à l'époux de son cœur, qui le verra sans voile pour mieux juger le prix du trésor qu'on lui a volé, renferme tout un poème, celui de l'amour sacrifié à la contrainte passagère, préférant la liberté éternelle : admirable fleur humaine qui se laisse tomber de l'arbre, à peine épanouie, plutôt que d'y rester attachée pour vivre de la flétrissure de son âme, d'un viol moral où elle aurait perdu son parfum, sa fortune, son bonheur, sa gloire, son tout ! Non, jamais le malheureux survivant ne vivra assez de son souvenir, jamais il aimera trop cette âme tombée du ciel dans la sienne.

Les femmes sanguines et nerveuses, privées de l'amour auquel elles ont droit, sont excusables des plus grandes faiblesses. Les lymphatiques, que caresse une douce langueur, s'abandonnent sans réflexion et sans calcul ; dans leurs veines ne coule pas le feu qui consume ses compagnes riches de sang et d'émotions ; leur volonté est soumise à ceux qui veulent la faire céder ; elles ont rarement le courage de rien refuser et elles croient tout ce qu'on leur dit ; aussi, leur énergie est-elle facilement vaincue ; ce sont elles qui fournissent le plus grand contingent de filles-mères et qui sont (horreur) le plus souvent victimes de la brutalité des hommes ; leur faiblesse, qui devrait les faire respecter et aimer davantage, ne fait que les grandir ; il est vrai qu'elles sont moins à plaindre, à cause de leur ataxie.

L'homme qui est trahi est exposé au déshonneur, au ridicule et, ce qui est pire, à élever des enfants étrangers ; sa vie, dès lors, est sans issue, il est perdu et ni faiblesse, ni réparation ne peuvent le racheter. Il ne faut jamais brutaliser une femme, même coupable ; frapper une femme est une insigne lâcheté, d'autant plus, qu'après la faute, la correction devient plus dangereuse qu'utile. La femme est le sanctuaire où l'homme peut puiser la vie, la paix et le bonheur, lui seul peut la régénérer et l'élever au-dessus du sublime ; c'est à lui de l'aider, de la soutenir et de la consoler, car son âme, comme une fleur négligée, a soif de rosée, ses baisers donnent le courage et l'amour réparateur ; il ne faudrait donc pas partager l'opinion émise sur la femme par les Russes qui ont fait ces proverbes absurdes, devenus populaires, caractérisant à quel degré d'abrutissement peut tomber un peuple fanatique et grossier, soumis à la volonté d'un tyran :

« Aime ta femme comme ton âme et secoue-la comme un arbre fruitier.

« Si tu as battu ta femme le matin, n'oublie pas de recommencer à midi.

« Deux femmes constituent une assemblée, trois un enfer.

« La tête de la femme est vide comme le porte-monnaie du tartare.

« Le chien est plus intelligent que la femme, il n'aboie pas contre son maître.

« Chez la femme et chez l'ivrogne, on a les larmes à bon marché.

« Là où le diable ne peut arriver, il envoie la femme.

« Bats la fourrure et elle s'échauffera ; bats la femme et elle te sera fidèle.

« Plus tu battras ta femme, plus ton dîner sera bon. »

Tous les hommages doivent aller à la femme, car elle est mère, épouse et fille de la divinité.

Plaignons, sans trop la blâmer, la fille trompée, car elle mérite de la compassion ; si, dans son affolement à voir perdus, pour un moment d'oubli, l'honneur et la considération qu'elle estime au-dessus de la joie d'avoir un *enfant illégitime*, elle commet un crime qui retombe sur la société vicieuse qui entend satisfaire ses plaisirs, sans encourir de responsabilité.

Un juge intègre qui, par exception, n'est pas un Perrin-Dandin, inspiré qu'il est de l'amour de la justice, a élevé la voix pour stigmatiser la fausse honte qui croit se cacher sous un crime et en atténuer la perpétration. Le juge en question a illustré son nom par un jugement qui honore l'homme et son siècle. Il s'agissait de juger une pauvre fille coupable d'un infanticide ; elle ne fut condamnée qu'à seize francs d'amende et renvoyée sans dépens : « Attendu, dit ce bon juge, qu'avant de punir, le droit et le devoir du juge est de remonter avec le plus grand soin aux véritables causes, aux causes initiales des infractions pénales dont la société lui demande la répression ; que dans l'espèce c'est précisément à la société elle-même, telle qu'elle est organisée, qu'incombe la plus large part du délit qui a été commis, etc. »

Si les juges se basaient sur des attendus aussi justes ils renverraient des fins de toute plainte quatre-vingts prévenus sur cent.

Le jugement ci-dessus est un modèle de justice dont les juges, en général, se moquent en disant : Ce n'est pas nous qui condamnons, c'est *la loi*, ignorante et lâche, qui frappe en aveugle sans analyser les causes d'un délit qui, s'il est provoqué, est considérablement atténué ; mais des erreurs sont commises et des jugements iniques sont rendus pour le seul plaisir de frapper des victimes abusées. Quand on voudra rechercher les causes d'un délit et en tenir compte, on obtiendra le résultat désirable de voir le parti pris et la haine féroce bannis du prétoire pour y voir régner la justice, base fondamentale de l'Amour social.

FIN

www.ingramcontent.com/pod-product-compliance
Ingram Content Group UK Ltd.
Pitfield, Milton Keynes, MK11 3LW, UK
UKHW020952230726
13923UKWH00007B/280